¡CONTRÁTAME!

Ivonne Vargas

AGUILAR

AGUILAR

D. R. © 2014 *¡Contrátame!*

De esta edición:
D. R. © Santillana Ediciones Generales, S. A. de C. V., 2014
Av. Río Mixcoac 274, Col. Acacias
México, 03240, D. F. Teléfono 5420 7530
www.librosaguilar.com.mx
f:/aguilar.mexico
t:@AguilarMexico

Primera edición: junio de 2014

ISBN: 978-607-11-3104-1

Diseño de portada: Jesús Manuel Guedea Cordero / Departamento de Diseño
Santillana Ediciones Generales.

Ilustraciones: Tania Camacho

Impreso en México

PRISA EDICIONES

ÍNDICE

AGRADECIMIENTOS

Este proyecto me permitió muchas cosas. Una de ellas, entender que la trayectoria profesional es como una carrera de 40 kilómetros (años), que vale la pena recorrer con consciencia, con argumentos que respalden tus decisiones, con "motivadores" emocionales que te apoyen en momentos difíciles y, sobre todo, con gran pasión.

Gracias a las fuentes consultadas, a los candidatos, a las universidades, por sus invaluables consejos. Hoy, empleo, no es sólo el tema de este libro, es mi carrera personal de 40 kilómetros, mi proyecto de vida.

Gracias a mi madre, a mi hermano, a toda mi familia, pues con su apoyo constante me recuerdan lo valioso que es luchar por desempeñarse en una actividad, no importa cual sea, que te apasione y te permita aportar algo a los demás.

Gracias a mis amigos y colegas de trabajo que me apoyaron en la travesía de este libro (¡sí que supieron ser flexibles!), sus comentarios y cuestionamientos continuamente me empujan a nuevos desafíos.

No puedo dejar de mencionar el apoyo de Editorial Aguilar por confiar en este proyecto y sumarse al reto de que los candidatos se acerquen, con más herramientas, a su anhelado empleo. Gracias a Paty Mazón, al maestro César Ramos, a Andrea Salcedo y a Claudia López; también a Jesús Guedea, Enrique Hernández y Tania Camacho, me encanta su creatividad, estas páginas cobraron vida con sus diseños e ilustraciones.

Gracias a David, mi compañero en este proyecto de vida, por sus consejos y la certeza con la que me orienta en los dilemas que genera recorrer estos 40 (y más kilómetros).

Finalmente, gracias a todas las empresas por los NO, recibidos en proyectos laborales. Gracias a una negativa, a la poca retroalimentación de un reclutador, o a los mails que nunca llegaron con un "gracias por participar", es que hoy este libro es una realidad, sólo espero que ayude a otros a recibir un SÍ como respuesta.

¡ÉNTRALE!

Cambia tu chip para contratarte

Si este libro llegó a tus manos, ya no hay de otra:

- ¡Llevas meses buscando empleo!, y necesitas más *tips*, pero no cualquier consejo motivador de "tú puedes lograrlo", aquí te revelamos los *cómo* para hacerlo.

- Tienes una entrevista en puerta y no sabes qué decir o en qué momento callar.

- Estás cansado de enviar varios currículos sin obtener respuesta. Bueno… ni un *mail* de agradecimiento.

Respuestas a esas dudas, y más, las obtendrás en estas páginas, con gráficas, recuadros, ejemplos y cuanto se nos ocurrió para hacer que tu acercamiento al próximo empleo sea más eficiente y hasta menos ¡aburrido y torturador!

Todo tiene un comienzo. Déjame platicarte cómo surgió esta obra. Claro que puedes ir directo a los capítulos que abordan esos temas, pero aguanta, lee esta partecita, que es breve.

La idea de este libro surgió, como muchos otros proyectos que se dan en la vida, en una plática familiar. En la sobremesa escuché un comentario, que ha llenado mis oídos al cubrir la fuente de educación y desarrollo profesional (como periodista): *"En todos los trabajos que he aplicado piden experiencia, pero qué les pasa… recién egresé. Y te piden tanto, como si lo que ofrecieran fuera igual de bueno."*

Me limité a platicar de algunos programas pre y post universitarios que ayudan a "picar piedra" respecto a experiencia laboral, al menos para conocer el ambiente de una oficina, como la opción de *trainee* que manejan compañías en todo el mundo. En México, lo ofrecen Unilever, Procter & Gamble y TenarisTamsa, por mencionar algunos.

Eso a manera de recomendación aunque, la verdad y en el fondo, ese comentario familiar me hizo recordar mi propia vivencia cuando pedí el primer trabajo. En la universidad, nunca cursé una materia cuyo fin fuera aprender a redactar un currículo.

Tampoco me dijeron (ni a cuates de la misma generación, o mayorcitos) que quien entrevista se da cuenta en menos de un minuto si eres el candidato idóneo para el puesto. Mucho menos me hablaron sobre la importancia de destacar en una entrevista "competencias", como "resolver problemas" o "tolerar" la frustración, y no sólo enfocarme en los estudios, mis prácticas, o los pocos trabajos que pude haber tenido.

Simplemente llegué a las entrevistas, como seguro muchos lo hacen: con mi mejor cara, un discurso medio ensayado, una recomendación (en el mejor de los casos) y, eso sí, una alta dosis de nerviosismo por temor a equivocarme en las respuestas y que el empleador me "bateara". La verdad, por muy positivo que uno sea, ni el optimismo, ni un promedio elevado, ni tener un título o llevar la piedrita de la suerte abren la puerta a una contratación, ni si quiera a una entrevista. Tampoco la experiencia es garantía de que las empresas recibirán con los brazos abiertos a un candidato madurito.

Tras varias entrevistas de trabajo, propias, y muchas más a través de mi labor profesional, entendí que la frase "buscar un empleo es un trabajo en sí mismo", está muy repetida, pero poco explicada. Como candidatos, no nos dicen los *cómos*.

Sí, tener un buen currículo ayuda; sin embargo, ¿tenías en mente que la contratación implica, a su vez, hacer un trabajo exhaustivo con uno mismo? Ayuda, y mucho, crear un plan de carrera y tener un análisis de fortalezas y debilidades para responder a preguntas, como: ¿de veras quiero tocar la puerta en esa organización?, ¿deseo hacer vida en una empresa?, o ¿me veo como emprendedor en unos años?, ¿por qué me pongo nervioso (a) cuando me preguntan por un defecto o por el salario?

Acaso ¿no se supone que te conoces lo suficiente para responder quién eres, en qué destacas, qué tipo de resultados puedes dar, cómo te cotizas, qué harás los próximos diez años y cuál es tu personaje favorito? (No le sigo, pues leerás sobre esto más adelante.)

Actualmente, algunas instituciones ofrecen información teórica y práctica sobre cómo enfrentar la contratación. Sospecho que resta mucho por hacer para cubrir las dudas que un candidato acumula en su trayectoria. Uno no se "vende" igual, ni prepara su CV (currículo vitae) de la misma forma (y si lo haces en estos capítulos, cambiarás tu forma de pensar) si eres un jovencito tímido que quiere oportunidades para ganar experiencia, un profesionista con 15 años de trayectoria, o uno pasadito de los 50. A través de las inquietudes que escucho en escuelas, al realizar entrevistas, al platicar con un empleador o con una firma de recursos humanos, o bien, en mi labor en una bolsa de trabajo *on line*; observo la poca orientación y desinformación que existe sobre cómo vivir, enfrentar y madurar el proceso de buscar trabajo.

Con frecuencia escucho frases como: "se quedó en el trabajo por palancas", "las empresas están muy buenas para pedir, pero pésimas para avisar si sigues en el proceso o te descartaron". La siguiente me encanta: "¿para qué hago un buen CV?, si sólo se fijan en que tengas cara bonita."

Verdad número uno: cierto, el reclutador puede fijarse en aspectos —¿cómo llamarlos?— contradictorios, si nos ponemos estrictos en cómo debe ser una contratación. Uno de esos puntos es prestar más atención a las recomendaciones (lo hace 14.03% de las empresas en México) que a otras herramientas, como un examen psicométrico.

Segunda noticia: aunque se ha vuelto una frase común que las organizaciones utilizan como fuente de reclutamiento Facebook, lamento decepcionarte, únicamente 0.6% de los empleadores en el país recurre a esa red social.

Total, que cuando me dicen "Me urge trabajar, "¿te puedo mandar mi CV?", "¿cómo le hago para poner al empleador a mi favor?", lo primero que suelo decir —tal cual me lo he repetido a mí misma— es: "debes regrabar tu *chip*."

El empleo, como me lo contó mi mamá y te lo dijeron en la escuela, ha cambiado.

Las empresas tienen un crucigrama en su cabeza, que resuelve cómo cubrir puestos para los cuales —dicen— hay escasez de talento. Las escuelas tienen su propia carrera contra el tiempo para vincularse mejor con lo que piden los empleadores. Las autoridades tienen su promesa eterna de crear más fuentes de trabajo y en toda esa maraña, tú y sólo tú, un candidato (a) que grita:

¡CONTRÁTAME!

El objetivo de este libro —y espero conseguirlo— es que, en las siguientes páginas, encuentres respuestas a cómo planear tu siguiente y anhelado empleo. Si la oración a san Juditas no surtió efecto, aquí identificarás cómo preparar un CV para novatos; qué vender cuando "pintas canas"; cómo captar la atención de un empleador en minutos; romper con el mito de llevar o no *jeans* a una entrevista; saber con qué preguntas "raritas" te pueden salir, y otros aspectos en los cuales debes trabajar para que al estar frente al empleador, éste diga: "¡Me interesa su perfil, lo quiero!"

¿Qué podemos decir del empleo? Es una labor que dignifica, permite autorrealizarte en diversos sentidos, es el motor del crecimiento propio y del país, y mucho más. Si sólo una de estas páginas te acerca a conseguir una entrevista y te ayuda a cambiar los hábitos para convertirte en un candidato "apetecible" a los ojos de un empleador, me doy por bien servida.

Es tiempo de regrabar tu *chip*... ¡suerte en tu búsqueda laboral!

convertirte en un candidato "apetecible" a los ojos de un empleador, me doy por bien servida.

Es tiempo de regrabar tu chip... ¡suerte en tu búsqueda laboral!

CAPÍTULO 1

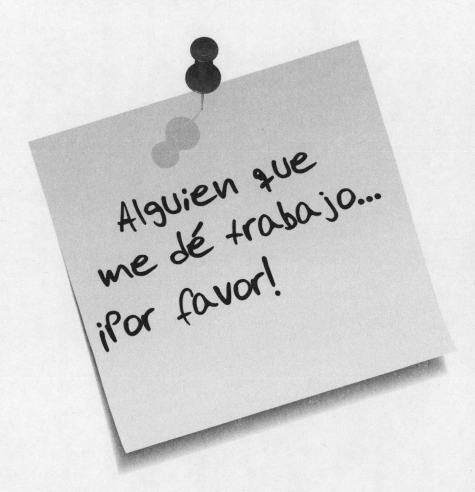

Alguien que me dé trabajo... ¡por favor!

Desempleo. ¿Habrá alguna plática familiar, entre cuates y pareja, donde no salga a relucir que despidieron a un conocido, al amigo, o que el amigo del amigo está sin empleo hace meses? Me atrevo a decir que ese universo fantástico no existe. Cuando comencé este libro, un buen amigo y profesionista experimentado, pasó por la penosa frase: *"creo que necesitamos un perfil diferente para renovar nuestros proyectos. Te compensaremos según tu antigüedad"*.

Una persona de 51 años con una hija en la universidad y una deuda de hipoteca, ¡no se me ocurre una mejor manera de entrar en depresión —bueno— o poner los nervios al límite!

Mi amigo X se incorporó a la tasa de desocupados que hay en México, un 4.81% de acuerdo con datos al primer trimestre de enero de 2014 de la Encuesta Nacional de Ocupación y Empleo (ENOE), emitida por el Instituto Nacional de Estadística y Geografía (INEGI).

Me llamó angustiado para preguntar: "¿y ahora dónde busco?, ¿tienes conocidos?, ¿qué me aconsejas?" La verdad, su perfil es particular, no sólo por el factor edad —por el cual, desafortunadamente, se discrimina en el mercado laboral (al menos en México)—, sino también el costo de un profesionista de esta naturaleza. Mientras mejor remuneración tenga el empleado, suele ser más complejo su incorporación a otra organización. ¿Has escuchado la frase: "su contratación elevaría la nómina"?

Así que platicamos algunas opciones para comenzar a asesorar proyectos de emprendedores. Al no contar con una red de contactos en el tema, *jalar* a los primeros interesados no fue sencillo pero, su experiencia en determinada industria y su facilidad para resolver problemas asociados con el ahorro de costos, permitió que llegara el primer cliente, con lo que aseguró una vía de ingreso, en lo que logra incorporarse a una nueva empresa (si así lo quiere).

Aquí voy a otro tema importante: *Baby boomer, generación X, Y (millennials)* y quienes se estén formando en las Instituciones de educación superior, cada grupo necesita vender su talento de manera diferente, y de eso platicaremos en el Capítulo 3. Pero antes… hablemos de una leyenda urbana: el trabajo perfecto… ¿existe?

El "cuento" que me dijeron de niña

"Por qué no estudias algo que deje, abogada, como tus tíos", "cuando te gradúes apúntale a las grandes empresas, sólo eso vale", "tienes que ser disciplinado y puntual para brillar", "sólo les interesan los de universidades privadas."

Crecí (y seguro que muchos de ustedes también) con algunas de estas frases. Cuando pienso en el trabajo de esa manera es como observar una foto vieja. Esa imagen de que sólo los gigantes de la industria emplean, que los trabajos deben ser para toda la vida, con un jefe diciéndote qué hacer o no y en un ambiente donde basta con llegar a la hora para ser reconocido, bueno, prácticamente se borraron. Nada más lejos de la realidad.

En cuestión de trabajo, ¡no existe la última palabra!, sino la exigencia de un mercado que orilla a irse adaptando todos los días a lo que necesita el empleador, y para muestra, en México sólo 40 de cada 100 profesionistas labora en un trabajo relacionado con su formación universitaria (de acuerdo con la Subsecretaría de Educación Superior de la SEP).

Para continuar o iniciar tu búsqueda empieza por romper con verdades absolutas, como: *"un CV sirve para todas las organizaciones"*, *"si mi prima consiguió una buena oferta en ventas, ése es el lugar para mí"*, *"el discurso que impactó en mi primera entrevista me sirve para las demás"*. Di ¡noooo! a generalizar los medios y las herramientas con que te acerques a una oferta laboral y ¡síiii! a personalizar.

Éstos son otros mitos que te conviene romper y ¡ya!

Que me toque algo

Cuando pienses en el siguiente empleo, evita visualizar el proyecto como si la posibilidad de conseguir una buena oportunidad fuera privilegio de todos, menos tuyo. Tampoco lo veas como si Fulanito A no me acepta, pues me conformo con Menganito B. Hay quien va por la vida creyendo que el jefe mandón desaparecerá por arte de magia en el siguiente empleo.

Por una parte, ¿tú te conformas con cualquier pareja?, o ¿te da igual haber pagado el cine y que la película resultara un fiasco? Si tu respuesta es "soy especial para mis parejas y hasta para lo que como", entonces, ¿por qué iniciar la búsqueda de trabajo desde una perspectiva de "lo que me toque"? Si empiezas en ese plan, y no te haces a la idea de diseñar una estrategia para llegar al trabajo que realmente anhelas —bueno—, empiezas con el pie izquierdo.

Por otra parte, hay que romper el mito de los jefes perfectos. Si bien algunas empresas desarrollan prácticas de trabajo flexible y acciones para mejorar su ambiente laboral, es difícil pensar en un director zen que diga: "tómate tu tiempo, esperaré a que aprendas a hacer esta actividad."

El jefe también debe dar resultados y buscar a quien se suba al *tren* de trabajo lo más rápido posible. Cuando se les pregunta a los directores ¿cuál es el área en que deben mejorar?, un 90% indica que tener más paciencia. Los jefes perfectos, así como los trabajos ideales, no existen. Lo que sí hay es la posibilidad de ubicar proyectos profesionales, en donde sientas que puedes desempeñarte porque te llenan, porque responden a algo con lo que te sientes vinculado, emocionado, apasionado. Porque forman parte de los escalones que debes subir para llegar a otros anhelos profesionales. Esto sólo existe... si lo planificas.

Verán... soy único

Una queja común entre los candidatos con los que trabajo es que las empresas son expertas en exigir, pero poco abiertas para desarrollar a su gente. Otra clásica: "te contratan para una cosa y debes hacer 20 diferentes". Si crees que llegará el trabajo donde te desenvuelvas en una sola función, en el que serás jefe y diario podrás salir corriendo a las 6:00, y donde la empresa aportará todo para tu crecimiento laboral, sin que tú inviertas en ello... —bueno—, puedes esperar sentado ese empleo.

El matrimonio que nunca existió

Mientras escribía estas páginas, escuché de un académico un comentario que describe en una parte la problemática que tienen los jóvenes para conseguir una oportunidad.

El especialista en educación dijo: "en una conferencia, un empresario soltó esta verdad: 'por qué tanto alboroto por el divorcio escuela-empresas, la verdad nunca hemos estado casados.'" Existe poco entrenamiento, previo a egresar, para buscar un empleo. El otro *issue* es que los estudiantes ni siquiera saben qué esperan de ellos; qué llama la atención de un empleador como para decir: "¡Te contrato!, aún sin mucha experiencia laboral comprobable." "¿Qué fue primero, el huevo o la gallina?" Nadie lo sabe, el asunto es que el candidato piensa que las empresas buscan X habilidades en él o en ella. Los empleadores tienen una idea diferente, y la historia puede irse repitiendo a lo largo de la trayectoria —como te digo—: es un matrimonio que se entiende a medias o a punto del divorcio.

La diferencia es que un candidato más experimentado aprende a leer (o, al menos, ésa es la idea) las expectativas que se tiene de su desempeño.

Para ponerlo en ejemplos: las empresas piensan que los universitarios les quedan a "deber" en: hablar un segundo idioma, resolver problemas abstractos, así como una buena comunicación oral y escrita, según el *Informe de Competencias Profesionales en Preuniversitarios y Universitarios de Iberoamérica*, realizado por el Instituto de Investigaciones para el Desarrollo de la Educación (Inide), la Fundación Universia y la Fundación Telefónica.

Nos encantan las cifras y aquí va otra: sólo 12% de los empresarios en México está satisfecho con el dominio que sus empleados muestran del inglés, pero el 55% opina que esta competencia es clave al contratar, lo dice el British Council. ¿Imaginabas que el idioma tuviera tanto peso? Si no pasaba por tu mente, ponlo en tu *checklist*.

En el *Informe de Competencias* se cuestionó a 300 mexicanos qué deberían aprender los alumnos para emplearse, y aquí saltaron las diferencias:

- Profesores: las competencias más importantes en un joven son aprendizaje permanente, resolución de problemas y toma de decisiones.

- Empresas: lo que deben dominar el egresado es un segundo idioma, capacidad de abstracción, adaptación a nuevas situaciones, habilidades interpersonales.

Otra vez: ¿*Crónica de un divorcio anunciado*?

Mientras mejora el teléfono descompuesto que existe entre quienes diseñan los programas de estudio, las empresas y las autoridades educativas, el asunto es que 40% de los universitarios en México está desempleado o le resulta muy complicado recibir su primera oportunidad.

Entonces, ¿qué quieren de mí y dónde busco?

En este capítulo hablamos de romper leyendas urbanas al buscar un trabajo; aquí va otro mito a destruir: *"se darán cuenta de lo que valgo cuando vean mi CV y entrevista"*.

Claro, hay candidatos que logran presentaciones brillantes, a quienes se quisiera firmar tras la primera charla. Pero, la verdad, acercarse a una oportunidad empieza con una tarea previa; para lo cual necesitas responder a la pregunta: ¿quién te conoce?

Tener una red de contactos amplia no sólo mejora las posibilidades de conseguir un empleo en México —yo podría decirte que en muchos mercados más—, tener conocidos en la empresa donde se quiere trabajar supera como medio de reclutamiento a un examen de conocimientos.

Los conocidos son un recurso usado por 9.8% de los empleadores que respondieron la Encuesta de Competencias Profesionales (ENCOP) 2014, del Centro de Investigación para el Desarrollo (CIDAC). Por abajo quedan el examen psicométrico y el de conocimientos.

La entrevista es el medio favorito de los empleadores para seleccionar a un candidato, y 18.84% de las compañías en México utiliza las bolsas de trabajo en línea para reclutar.

Sí y sí. Cuando un candidato se acerca para decirme que la contratación se realiza por "palancas", le respondo que es cierto, que tener conocidos o llevar una buena recomendación influye aunque, desde mi perspectiva, eso no es sinónimo de garantía en la permanencia en un empleo. Pero... abre las puertas y, por eso, los cuestiono: "¿tienes una red de contactos?, ¿compuesta por cuántos?, ¿si te quisiera contratar ahorita, quién me daría una recomendación tuya, así, en corto, qué dirían de ti?"

Ahora, antes de entrar en materia sobre cómo tejer una red —que lo verás en el siguiente capítulo—, veamos qué busca una empresa en la persona. Por ejemplo, según los participantes en el estudio del CIDAC, a un joven no se le contrata porque tiene problemas para saber venderse, falta de habilidades sociales y de conocimientos técnicos específicos.

¿Qué te digo? Uno no sale de la escuela con maestría en saber vender el currículo. Los números dan escalofrío. En 7 de los 32 estados de la República Mexicana las empresas reconocen tener algún tipo de colaboración con las instituciones académicas. ¿Y el resto? Agárrate, pues dijeron no tener ningún tipo de colaboración para atraer a jóvenes.

Un escaso 18% da cátedras informativas a los alumnos; digamos que el mayor "romance", o siquiera un guiño coqueto, entre escuela y empresa, son las prácticas profesionales de becarios.

Ahí estás tú, candidato, buscando una oportunidad, mientras el "rumor" de que México se encamina a un desequilibrio de talento para cubrir ciertos puestos se hace más fuerte. Bueno, en industrias como hidrocarburos, *retail*, finanzas y ciencias de la salud, ya no es un radiopasillo ni un chisme, es una realidad; te lo cuento en dos escenas:

Corte A.

Una consultora se pone a investigar en 27 países cómo está la situación del mercado laboral y la disponibilidad de profesionales calificados. De una escala de 0 a 10, México recibe 5.9 puntos. Esta calificación indica que los empresarios confesaron tener problemas para encontrar personal con las competencias (grábate esta palabra) que necesitan y los "pobres" sufren para llenar algunos puestos.

En esta historia, México sólo es superado por Alemania, Estados Unidos, Suecia y Hungría, ni más ni menos. Si hubiera registrado una calificación por debajo de cinco puntos, sería llamado "mercado con pocas complicaciones para llenar puestos" —una onda estilo Bélgica (dichosos ellos).

Corte B.

Sientan a ejecutivos de 30 empresas y les preguntan, ¿tienen algún plan para contratar? Esta segunda historia tampoco tiene un final feliz. La consultora Accenture encontró que sólo 16% de los empleadores que entrevistó describe que su fuerza laboral, sus empleados, son líderes en la industria.

¡Que paseeeeeen las competencias!

¿Qué quiero decirte con estas dos películas? Bueno, para empezar, que al buscar trabajo no valdrá que hayas sido un erudito en clase, sino que demuestres lo bueno que fuiste para sumar cuates de la escuela o del trabajo en un proyecto —y de paso—, que lo expreses y lo escribas en forma correcta (comunicación oral y escrita).

Al empleador le gusta escuchar y comprobar la frasecita: "soy capaz de". Entremos de una vez con las famosas competencias.

De este concepto se habla desde hace varias décadas en el mundo y, en términos generales, se refiere a las habilidades y capacidades adquiridas mediante un esfuerzo continuo para realizar actividades complejas.

Visto en una formulita es:

Competencia = conocimientos + habilidades + actitudes + motivaciones de una persona para enfocar un aprendizaje en determinado empleo.

Una competencia no se limita a elementos cognitivos (como uso de la teoría), y por eso te digo que no bastan los "dieces" de la escuela. Este concepto abarca habilidades técnicas y atributos interpersonales, como saberte llevar bien con todo el mundo.

El pequeño detalle es que —como ya notaste— universidad, empresas y personas traen una visión diferente de qué se quiere al contratar, y esto tiene varias explicaciones.

Una compañía se entera más rápido de lo que necesita para cumplir una meta o un proceso productivo, por eso no puede —ni por mucho— darse el lujo de reaccionar despacio, como podría moverse una universidad, que suele tardar más en modificar sus estructuras y planes de estudio.

Entonces, la diferencia entre lo que anda buscando una empresa y lo que a ti te dijeron que era importante, puede ser A B I S M A L. Hay jóvenes que egresan sobrepreparados, con mejores calificaciones de las que demanda el mercado o con conocimiento que ni utilizarán en las empresas.

Las competencias (o aquello que valoran en un candidato) varía según el puesto y la organización pero, en general, se dividen en dos grupos: las relacionadas con conocimientos profesionales y herramientas de trabajo, y aquéllas más orientadas a la forma en que trabajas, interactúas con otros, te comunicas y manejas emociones.

Rudo contra técnico... a las primeras se les conoce como competencias "duras", a las segundas sociales o "suaves".

Si sólo el 32% de las empresas en el país reconoce tener "algún" vínculo con una Institución de Educación Superior —a ver—, qué esperas para empezar a desarrollar algo que la escuela no te dio y que (quizá, tras varios años en un trabajo) ni sabes qué habilidades y conocimientos son importantes para que te contraten.

Sin más preámbulos, ni explicación engorrosa, aquí te va la lista de las competencias que valoran las empresas:

Tabla 1

Competencias básicas que no encuentran las empresas
Comunicación escrita y oral en español
Comunicación escrita y oral en inglés
Puntualidad (¡puedes creerlo!)
Sentido de la responsabilidad
Capacidad de síntesis de información
Pensamiento lógico y ágil

Fuente: ECOP 2014.

Tabla 2

Competencias generales que atraen al empleador
Cultura general
Herramientas de comunicación
Capacidad de comunicación con otros
Trabajo en equipo
Innovación y emprendimiento
Imagen personal
Eficiencia personal
Inteligencia emocional
Negociación y resolución de conflictos

Por cada competencia, hay conocimientos y habilidades a destacar.

Cuando hablan de la competencia COMUNICACIÓN, **se fijan en cosas como:**

- Comunicación oral y escrita en español.
- Comunicación oral y escrita en inglés.
- Capacidad para sintetizar información.
- Capacidad de negociación y resolución de conflictos.
- Dar y recibir retroalimentación.
- Hablar eficazmente en público.
- Argumentación lógica y clara.

Y cuando te preguntan sobre TRABAJO EN EQUIPO, **valoran:**

- Capacidad para negociar y resolver conflictos entre compañeros.
- Saber anteponer los objetivos del equipo frente a los personales.
- Tener comunicación asertiva.
- Escuchar a los demás.
- Autoconocimiento de fortalezas y debilidades.
- Coordinar equipos de trabajo.

IMAGEN PERSONAL... **también echan ojo a esto:**

- Facilidad de palabra.
- Puntualidad.
- Saber tratar al interlocutor.
- Aspecto físico.
- Vestimenta y arreglo personal congruentes con la empresa.
- Modales congruentes con la empresa.

EFICIENCIA PERSONAL (¡Atención! Aquí hay algunas capacidades muuuy valoradas):

- Manejo del tiempo para organizar el trabajo.
- Eficacia al trabajar bajo presión.
- Tolerancia a la frustración.
- Planeación de tareas.
- Resolución de problemas.
- Disposición para aprender.
- Rápido aprendizaje.

Y de INTELIGENCIA EMOCIONAL:

- Analizan tu apego a procedimientos.
- Automotivación.
- Capacidad para generar empatía.
- Atención al detalle.
- Si posees metas personales y profesionales a largo plazo.
- Saber iniciar y mantener relaciones profesionales.

Independiente de que el representante de recursos humanos tenga preguntas clave para evaluar si reúnes algunas de esas competencias, pueden recurrir a otras prácticas como el "Assessment grupal". ¿En qué consiste esta dinámica? Se trata de enfrentar a candidatos en la resolución de conflictos hipotéticos en la empresa.

Es una herramienta importante para medir las competencias de la persona en una situación grupal. Por ejemplo, ¿quién es el líder?, ¿quién muestra mayor tolerancia a la frustración, proactividad, inteligencia, habilidades sociales? Representantes de diversas áreas de la empresa participan en el ejercicio para analizar las actitudes e información del candidato y después dar su opinión para tomar una decisión final.

Punto final. Las competencias son como la tabla del buen comer, harán más sano tu acercamiento a una empresa. En una entrevista utilízalas; al escribir tu currículo también; al promocionarte con un amigo, igual. Combínalas según las características de las empresas con las cuales establezcas contacto y busca ejemplos para comprobar cómo las has desarrollado. No todas provienen de lo que aprendiste en la escuela, ¿saber negociar? Tal vez eres un experto en el tema gracias al novio (a), ¿o no?

CAPÍTULO 2

Lo tuyo, lo tuyo... saca tus fortalezas y ármate un planecito

El título de este capítulo seguro es más que familiar. ¿Cuántas veces has llegado a una entrevista de trabajo y el reclutador, como de cajón, te cuestiona: "dime tus cualidades y defectos"? Aunque está entre las preguntas esenciales, hay candidatos que sienten una "cubetada de agua fría", sobre todo en la parte de debilidades.

En esta vida, ir por la inercia sin saber qué se quiere y qué camino lleva a conseguirlo, trae sus consecuencias. En la búsqueda de empleo no es la excepción —créeme—; conocer fortalezas y debilidades, hacer una elección más pensadita de hacia dónde deseas moverte laboralmente y qué tienes o te hace falta para lograr esa meta, permite una búsqueda totalmente diferente.

Hasta por un asunto de practicidad —y para que no pongas cara de *what?*. En la entrevista, si te conoces, sabrás responder qué tipo de contribución harías a un puesto, incluso (y muy importante) desde lo personal, y deberás redoblar esfuerzo para que una debilidad no perjudique tu desempeño.

Piensa en tu mejor —pero en serio— mejor amigo (a). Eso representa fortaleza y talento, una gran amistad. El talento se asocia a una habilidad innata, pero también puede desarrollarse con práctica y entrenamiento.

Identificar cuáles son los talentos por los que destacas y de qué manera los pondrás a disposición del trabajo es importante para el encuentro con el reclutador. Así, en corto, piensa qué se te facilita:

- Los números —lo tuyo, lo tuyo es sacar cuentas.
- Hablar en público.
- Convencer a otros de tu punto de vista.
- Vender lo que sea a otros.
- Ahorrar parte de tu quincena mejor que nadie en la familia (y por tanto serás un buen ahorrador en la empresa).
- Capaz de resolver un problema sin tener que pelear con tres compañeros para lograrlo.

El talento es un modelo recurrente de conducta. Si perfeccionas esa característica, la transformarás en una fortaleza.

FODA... ¿con qué se come?

No es una *aplicación* —*app*—; quizá escuchaste sobre este concepto en la escuela, sobre todo si eres de mercadotecnia, ¿lo has utilizado en el ámbito laboral?

El análisis SWOT (*Strengths, Weaknesses, Oportunities, Threatens,* por sus siglas en inglés) puede ser útil para enfocar la búsqueda hacia actividades profesionales donde tienes mayores posibilidades de destacar de forma natural, aunque también es una herramienta que permite detectar riesgos (ajenos y propios) al ubicar ofertas laborales en un sector, o para desempeñar tu labor una vez contratado.

Para no ir tan lejos, ni clavarnos en qué área del cerebro está tu mejor talento (eso es otro tema), con el FODA ves aspectos internos (fuerzas y debilidades) y factores externos (oportunidades y amenazas o riesgos para ti, además de para la industria donde desees contratarte). Digamos que este análisis es el *magic bullet* de la cocina, ese aparatito donde mezclas muchos ingredientes y consigues la súper receta. Así es FODA, mezcla de interior con exterior.

Lápiz y papel... a escribir se ha dicho:

(F) FORTALEZAS	¿Cómo las sacas?
Son las características que te hacen único para un puesto y que pones como tapetito ante la empresa para alcanzar ciertos objetivos.	Haz una lista de las tareas y los aspectos que se te facilitan. Piensa en los anteriores trabajos y anota qué actividades te motivaban y cumplías más rápido, y cuáles te aburrían. ¿Egresado? Ráscale, en qué solías sobresalir en la escuela: deportes, actividades sociales, culturales, etcétera.

(O) OPORTUNIDADES	¿Cómo las sacas?
Son elementos que puedes utilizar a tu favor. Los empleadores se cuestionan: "¿qué de esta persona puedo 'explotar' en beneficio de la organización?"	Haz una lista de aquello que puedes poner a ojos del empleador para cumplir—de manera más rápida que otros candidatos— con un objetivo, por ejemplo: una red de contactos extensa, un perfil profesional escaso en el mercado (porque en tu carrera egresan pocos), una especialización que nadie o pocos tengan en la organización. Recuerdo que un candidato, en una entrevista, comentó: "he pasado por recorte de personal, es difícil, pero sé despedir a la gente." Sí, saber despedir, sin que represente una temerosa demanda legal, y sin que el radio-pasillo y el chisme acaben con la reputación del jefe, ¡tiene su chiste!
(D) DEBILIDADES	¿Cómo sacarlas?
Son factores que colocan a la persona en una posición desfavorable frente a la competencia, como no dominar otro idioma, o carecer de una certificación que el puesto requiera.	Algunas debilidades pueden ser: la timidez, el mal genio, la impaciencia o poca facilidad para trabajar en equipo. Lo importante es pensar, a su vez, en una acción para trabajar esa situación. Incluso, es recomendable exponerla al empleador, claro, sin detenerse 20 minutos a hablar del tema.

(A) AMENAZAS	¿Cómo sacarlas?
Situaciones que provienen del entorno y pueden atentar contra ti o la empresa.	Anota qué podría hacerte pasar una mala jugada en ese empleo, o incluso, en la entrevista, sino te preparas. Por ejemplo, desconocer una nueva ley que impactará la empresa a la que apliques, cambios en el mercado. Otro ejemplo: si la empresa a la que quieres entrar fue vendida, o está en proceso de, demandará que la gente que se quede tenga conocimientos orientados a sus nuevos retos. Es una amenaza externa, pero deberás prepararte para ella si quieres el empleo.

Te pido ser realista contigo mismo (a). Otra actividad que funciona es realizar el ejercicio con tu súper amigo (a) o un familiar para detectar cómo te observan. Cuestiónalos sobre qué puntos son tu fuerte y en dónde hay que ponerle galleta, o, en otras palabras, tratar de mejorar.

Si buscas hacer visibles tus talentos, necesitas estar atento a las reacciones espontáneas e inmediatas que se tienen frente a cualquier situación. ¿Otra pista? Anota aquello que aprendes rápidamente y lo contrario, ¿qué te produce frustración?

Ahora, dime ¿cómo te ves en cinco años?

No debo hacer mucha introducción, quizá ya eres un experto en responder a esta pregunta... otra clásica de las entrevistas de trabajo.

Hagamos, en este punto, un *break*. ¿Sabes realmente qué quieres para tu vida, en el terreno laboral, los próximos años?

a) Deseas ocupar un puesto alto en tu organización.

b) Una experiencia laboral fuera de México.

c) Un trabajo donde otorguen un plan de prestaciones que beneficie a tu familia.

d) Empresas con prestación de auto y un seguro médico de gastos mayores.

e) Un lugar para encontrar pareja.

f) Olvidarte de las anteriores y ser tu propio jefe.

Respuestas hay muchas, igual que cambios en tu carrera a lo largo de una trayectoria de, por lo menos, 50 años —como gustes y mandes vivirlos. Hoy quizá te enfoques en salario, pero mañana tu prioridad podría ser un empleo con esquemas más flexibles. Lo que desees y cómo quieras llegar a esa meta, saldrá mejor si lo planeas.

Seguramente has escuchado que algunas empresas con planes de carrera para incentivar a sus colaboradores y establecer cómo será su desarrollo en la organización. Esto también ayuda a tener a la persona lista en el momento que deben sustituir a alguien en su puesto.

Algo similar ocurre a nivel personal, si sientes la necesidad de "brincar" a otro trabajo, pasar de becario a contratado, utilizar el dinero de la liquidación para abrir una empresa. Bueno, que no te agarre la inercia, traza el ABC de tu trayectoria.

Has escuchado que en el box suelen decir la frase: "¡cuídate todo el tiempo del contrincante, no le des la espalda!" Pues, ajá, en el terreno laboral es lo mismo, es portante leer el entorno continuamente y prever. ¿Por qué esperar a que te despidan para ver otras opciones de empleo?, ¿por qué aferrarse a querer conseguir empleo en un sector, cuando pueden existir plazas disponibles en otras áreas?

Échale una planeada, será tu mejor aliado en cuestión laboral.

Un plan de carrera puede escribirse con una situación tan clave cómo dar un giro a tu carrera, pero también ayuda a planificar los puestos/proyectos que anhelas cumplir en determinado tiempo. Cuando se trabaja con esta herramienta, incluso, puede acelerar tus cambios profesionales, porque generas una claridad respecto a qué es lo que quieres, cómo llegarás a ese objetivo, cuándo, qué retos tienes por cumplir, cómo dar la media vuelta a un problema.

Si tienes metas concretas, igual de específico será tu enfoque en cuanto a qué empresas buscar para contratarte, qué conocimientos y qué destrezas deberás reunir para alcanzar tu objetivo, ¿dónde andas escaso?, ¿qué deberías estar mejorando?, o ¿a qué otras áreas mirar? Si en donde has tocado la puerta, no se abre un espacio.

Ya empezaste con el FODA, síguele, haz el plan completo

La columna vertebral de un plan de carrera está compuesto por metas y el tiempo que te llevará cumplirlas.

Otra vez, toma lápiz y papel y ¡a escribir!... Ah, pero abusado, parte de esta información puede salir del FODA.

¡Comencemos!

- ¿Qué te apasiona hacer?, ¿qué situaciones disfrutas sin que representen un sacrificio?

- ¿Tu actividad actual llena tus expectativas como persona y profesional?

- ¿Qué te impulsa a estar en tu trabajo: agrado, necesidades económicas, sostén familiar, temor a no encontrar otra alternativa?

- ¿Dónde te ves como profesional en cinco o diez años?

Tras responder esas preguntas, agarra otra hoja y divídela en tres partes (como el cuadro de abajo). En la primera, escribe lo más relevante en tu trayectoria hasta llegar a la situación actual. Enlista las principales responsabilidades asumidas, los logros, los errores, el por qué te aplaudieron y por qué casi te dan cuello (en la escuela o el trabajo).

Lee esos datos y respóndete: ¿coincide lo que disfrutas hacer con tu situación actual?

En la segunda parte de la hoja escribe en dónde te gustaría emplearte y por qué. ¿Puedes cumplir ese objetivo en tu trabajo actual?, de no ser así, ¿estás en posibilidad de buscar otra oferta? No le temas a la claridad, especifica en qué periodo quisieras verte con otro trabajo. A un costado de esa información coloca fortalezas laborales y personales, así como debilidades.

En el tercer apartado de la hoja formula los objetivos en los que deseas empezar a trabajar a la de ya, a mediano y a largo plazo. Anota:

- Primeros pasos.

- ¿Qué herramientas tengo?

- ¿Qué debo adquirir (competencias técnicas, habilidades, etcétera)?

- ¿En cuánto tiempo obtendré resultados?

- ¿Cada cuándo revisaré el plan para actualizar avances y retrocesos?

1	2	3
Lo más relevante en tu trayectoria hasta llegar a la situación actual.	En dónde te gustaría emplearte y por qué + fortalezas y debilidades laborales y personales.	Objetivos en los que deseas empezar a trabajar a la de ya, a mediano y a largo plazo.

¿Te da flojera hacer el plan? Piensa en este ejercicio como una base para aclarar dudas, tipo:

¿En dónde estoy parado (a)? Ejemplo, si eres un becario, hacer el plan ayudará a definir en dónde quieres dar tus primeros pasos, qué tipo de experiencia quisieras ganar, incluso, hacer la lista de empresas que se ajusten a tus objetivos.

¿A dónde quiero llegar? Créelo, un buen entrevistador se da cuenta cuando vas como barco a la deriva, sin saber qué aspiraciones tienes, qué anhelos te mueres por cumplir, o si te da igual ser contratado en la empresa X o en la Y.

"Hay gente que cuando me responde se nota que le da igual que la emplee o no, hasta me han cambiado el nombre. Eso molesta, para qué me hace perder el tiempo", —escuché alguna vez de un empleador.

EJEMPLO PLAN DE CARRERA

Plan de carrera "Fulanito de tal" (Pon tu nombre)
Meta
Ingresos anuales que quiero
¿En dónde estoy parado(a)?, ¿con qué cuento?
Planificación de primeros pasos
Obstáculos y cómo enfrentarlos
Tiempo en el que cumpliré el objetivo
Fecha de revisión del plan

Entre el FODA y plan de carrera tendrás —qué digo una foto— un póster que arroje información no sólo de dónde estás parado, sino qué características tienes como profesional y qué destacarías o —de plano— guardarías al estar frente al reclutador.

Recuerda esto: muchas organizaciones se fijan en que la persona, previo a la entrevista, haya reflexionado en lo siguiente: "quién soy, qué tengo y de qué voy a echar mano para hacer mi trabajo."

Punto final. Ubicar en qué sobresales es bueno —de principio— porque así tendrás un panorama claro sobre a qué tipo de ofertas aplicar. Así dejas de enviar cientos de correos poco personalizados a cuanto trabajo ves disponible. Así como no eres bueno en todo, tampoco todo empleo es para ti. Detecta dónde haces *clic*, por qué y qué más deberías moldear para lograr tu objetivo de emplearte.

CAPÍTULO 3

Dime a quién conoces y te diré quién te contrata

Cuando se busca trabajo hay diferentes estilos. Hay quienes están de sol a sol enviando muchos currículos a diestra y siniestra, y preguntando entre conocidos para ser recomendados. También hay una conducta, menos común pero existe: guardar silencio.

¡Como lo lees! A algunas personas les cuesta externar que están desempleadas, quizá porque asocian no tener trabajo con un sentimiento de vergüenza y, sí, carecer de una fuente de trabajo impacta en la autoestima. Aunque mi respuesta es "pena ajena", debería no dar pena difundir, en cuanto lugar puedas, que buscas trabajo.

Stephen Balzac, autor del libro *Organizational Development* (*Desarrollo organizacional*), dice que la pérdida de un empleo se asemeja al duelo y que la persona —ya sea que la despidieron o que tiene algún tiempo sin contratarse— debe trabajar diario para identificar los factores que pudieron influir en esa situación, por ejemplo, saturación de candidatos en su mercado, falta de algunas habilidades, poca o nula experiencia, etcétera.

Ubicar los *qués* es el principio para hallar los *cómos* para emplearte.

Cuando uno desea contratarse, simbólicamente hay que enterrar ideas como: "soy joven y nadie quiere darme una oportunidad" o "paso de los 45 años y ¿quién querrá pagar por mi experiencia?" Y, a ese cambio de *chip*, se suma una práctica que será muy saludable en tu búsqueda: armar o fortalecer tu red de contactos. Explotarla es clave para acercarse a un empleo.

Los contactos, en concreto, las recomendaciones que puedan hacer ellos de ti tienen un peso significativo para emplearse.

Hay profesionistas que demuestran conocer a medio mundo, les preguntas por una fuente de referencia y, si no tienen el dato la mano, dicen, "dame un rato para que te ayude a ubicar quién te puede ayudar con esa información." ¡Ése es el tipo de pensamiento a adoptar!

Mira, éstas son las principales fuentes de reclutamiento que las empresas utilizan en México:

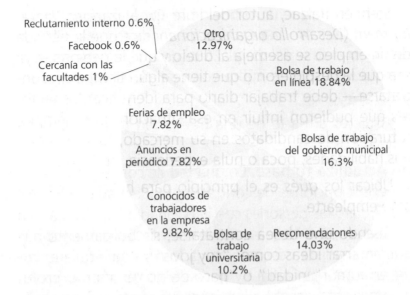

Reclutamiento interno 0.6%
Facebook 0.6%
Cercanía con las facultades 1%
Otro 12.97%
Bolsa de trabajo en línea 18.84%
Ferias de empleo 7.82%
Anuncios en periódico 7.82%
Bolsa de trabajo del gobierno municipal 16.3%
Conocidos de trabajadores en la empresa 9.82%
Bolsa de trabajo universitaria 10.2%
Recomendaciones 14.03%

Fuente: CIDAC / ENCOP 2014.

Con un *networking* adecuado (o sea, establecer redes de contacto), tu posibilidad de acercarte a una oferta crece exponencialmente. Acudir a actividades y eventos con el fin de incrementar los contactos otorga entre 70 y 80% de la efectividad para emplearse.

Pláticas informales en bautizos, bodas, cursos, conciertos, partidos, la cena de fin de año o en la carne asada de los cuates, ahí puede haber referencias importantes para conducirte a una oportunidad de empleo.

Muchas veces he escuchado a las personas decir "las entrevistas no sirven, el empleador ya tiene a un conocido que ocupará el puesto", o "el currículo no funciona, todo se limita a quién conozcas adentro."

Parecería muy falsa si niego que esas frases tienen una parte de verdad. Los contactos son el canal más importante de inicio en la búsqueda laboral y bajo esa óptica pregunto a los candidatos: "¿por qué en lugar de molestarte porque un conocido ocupó el puesto, no trabajas en generar una cadena de contactos sólida?" Se estima que sólo del 20 al 25% de los puestos salen al mercado. El resto se cubre con conocidos, amigos o recomendaciones.

¿Quieres armarte de una buena red?, comienza con estos pasos:

1. **Actualiza tu base.** En una red de contactos pueden existir opciones de contratación adecuadas a tu perfil, pero las personas con capacidad de aproximarte a ese empleo no te tienen en mente. Empieza por hacer una lista de contactos a los que puedes recurrir en forma inmediata y que se vinculen con tu profesión, por ejemplo, ex compañeros de trabajo, amigos y profesores de la universidad, familiares, conocidos de algún curso o taller, ex compañeros de trabajo.

Importante: además de citar nombre y datos de contacto, anota el nivel de relación que tienes con esa persona, pues la idea es que la red se arme en varios niveles, ejemplo:

Primero. Persona a quien conoces directamente.

Segundo. Es el primer contacto referido por tu conocido cercano, "el amigo del amigo".

2. **Engorda la lista.** El chiste de una red es que se multiplique, así que ponte la meta de conocer a un determinado número de personas al mes. Si son cinco, en un año ubicarás a 60 personas nuevas, alguna de ellas puede llevarte a una entrevista laboral o, en el futuro, convertirse en fuente de información para ubicar dónde hay mejores oportunidades, de negocios e intercambio de información. Quizá ese "conocido del conocido" podría ser el socio en un emprendimiento.

3. **Prepárate a lo James Bond.** Antes de conocer a la persona, o de asistir a un evento, trata de investigar sobre el perfil de ese contacto, ¿qué temas son de su interés?, ¿en qué proyectos trabaja actualmente?, ¿dónde inició su trayectoria? LinkedIn y las redes sociales pueden ser una buena alternativa para ello.

4. **Organiza la agenda.** Haz una lista de los eventos a los que puedes asistir y donde se pueden encontrar contactos, como reuniones de ex alumnos, de cámaras vinculadas al sector donde te desempeñas, talleres y conferencias, eventos sociales y culturales. En México, por ejemplo, hay iniciativas como *Startup Drinks,* encuentros casuales a los que asisten emprendedores para compartir experiencias, darse recomendaciones entre ellos, conocer a inversionistas, hablar de errores cometidos en la fase de iniciar un negocio y, en conclusión, hacer *networking.* Caso similar es *Fuckup Nights,* una actividad que reúne a emprendedores para hablar sobre qué errores tuvieron al iniciar el negocio y cómo salieron adelante. ¿Qué es lo valioso de esos eventos? Animarse a conocer a otros en una situación similar e iniciar conversaciones casuales para ubicar contactos potenciales y que compartan una experiencia, en este caso, de búsqueda laboral y contratación.

5. **¡Cuidado con la primera llamada!** Si el primer contacto con la persona que te sugirieron es telefónico, hay que aplicar la prudencia. Si tienes luz verde para llamar al celular del contacto, evita excederte en la plática, a menos que el interlocutor dé pauta para ello. En unos minutos debe quedar claro:

Quién eres + quién te refirió + por qué llamas.

Por ejemplo: "Soy César Hernández, X me dio sus datos y me comentó que en su empresa están solicitando a alguien para X puesto. ¿Puedo quitarle unos minutos para comentarle de mi caso?"

6. **Prepara un** *speech*. Cuando la gente te pregunta a qué te dedicas, olvídate de las respuestas triviales (soy Fulanito de Tal y me he dedicado a X actividad). Si bien debes incluir esos datos, busca algún comentario o anécdota que ofrezca una idea con más *charm* (carisma) de lo que eres en términos laborales. Es importante que mientras hables, o lo hace el interlocutor, detectes con qué comentarios generas empatía y a partir de ello la conversación se vuelva más relajada y personal.

Ojo: crear una red no es como tomar un café y hablar de la última moda, es una oportunidad para reunir información potencial, si existe la oportunidad, entra directo en el tema, saca a relucir que buscas trabajo.

Generalmente, cuando le preguntamos a alguien "¿a qué te dedicas?", responde cosas muy operativas o cuadradas, como: "soy comunicadora". Poca gente te dirá "me dedico a contar o explicar historias que ayuden a la gente." Piensa en una frase de impacto, acompañada de datos relevantes.

Evita ocupar el tiempo en explicar las razones de tu cambio laboral o cuánto detestan al jefe y a los compañeros. *Tic toc:* aprovecha el tiempo para promoción profesional, y que el interlocutor se interese en tu perfil o te recomiende.

Además de invertir tiempo en construir la red, necesitas una presentación de peso, piensa en una práctica como *Elevator Pitch,* es decir, preparar un discurso de pocos minutos (tres a cinco) para despertar interés de la contraparte sobre tus cualidades profesionales.

El 80% del éxito de esta técnica radica en cómo se inicie. No se trata de tener un discurso que suene a repetir conceptos, mejor déjales ver a otros tu pasión por lo que haces.

Haz una descripción breve de quién eres, por qué has destacado y cómo podrías acoplarte a la industria donde te interese buscar trabajo. Da ejemplos de lo que serías capaz de aportar.

7. **Cumple tu chamba.** Crear y fortalecer una red es todo un trabajo, no pienses que con sacar el número de teléfono de otra persona ya la hiciste. Por ejemplo, saca una lista de los temas más importantes del evento en el que participaste y escribe cuáles pudieran ser temas de conversación en futuros encuentros. Así, hasta brillarás como una persona que tiene diversos temas de conversación sobre la industria donde te desenvuelves.

8. **Al mero estilo ganar–ganar.** La clave de una red poderosa, que en un futuro te pueda servir de apoyo para tu trayectoria, es ofrecer un valor a la nueva conexión que realices. Evita ser un *gollum* de las redes, con el *treasure* (tesoro) a tus espaldas. Si hay una persona a la que puedas apoyar, contactándola con otros conocidos o retroalimentándola con información de interés, hazlo. Nunca sabes en qué momento esa "generosidad" será devuelta en forma de recomendación.

Hazte el hábito de identificar las 20 personas más influyentes en tu red de contactos y busca vías para fortalecer relaciones con cada uno.

**Punto final. Tarjeta de presentación…
no son cosa del pasado**

¿Eres de los que cree que no es necesario entregar tarjetas? Piénsalo dos veces, pues este elemento también comunica y hace que la gente te recuerde. Llevar una tarjeta de presentación en estos encuentros es importante, porque quienes estén ahí —quizá no son tus amigos del Facebook— son una especie de lazo profesional.

Tip: si se trata de redes sociales, sólo incluye las que tienen un objetivo laboral, por ejemplo, una cuenta de *instagram* o la dirección del blog con muestras de tu trabajo.

**Punto final. Tarjeta de presentación...
no son cosa del pasado**

¿Eres de los que cree que no es necesario entregar tarjetas? Piénsalo dos veces, pues este elemento también

CAPÍTULO 4

Papelito habla...
y contrata, el
CV perfecto

Cada quien tiene su estilo para imaginarse el acercamiento a una empresa. Yo veo este proceso como tratar de realizar una venta, pienso:

- ¿A quién debo marcar o escribir para conseguir la mejor cita?

- ¿Cómo me voy a presentar para despertar su atención?

- ¿Cuándo tengo que dar seguimiento al contacto, hasta conseguir un "venga mañana"?

- ¿Qué información debo preparar para la cita?

- ¿Qué debo saber de la otra persona, cómo le gustará que la traten, dónde encuentro esa información?

Para concretar esa venta necesito un plan de acción y no saltarme ningún paso, necesito seguir un proceso que me permitirá llegar al objetivo de cerrar el trato y cobrar.

Después de detectar tus puntos fuertes como candidato y tener un plan de qué trabajos quieres flechar, comienza otra etapa importante: seducir a las empresas, que se enamoren de ti y lo que les puedes representar. Llegar a ese punto, al igual que cerrar un trato comercial, requiere una agenda, si lo hace un vendedor de seguros ¿por qué tú no? Hay que cumplir cada tarea establecida sin saltarse pasos.

Pongo énfasis en ese último punto porque tiene relación con un pensamiento que navega en la mente de muchos candidatos: "desacreditar el currículo".

He notado que para algunas personas este documento se convierte en un trámite más. "Lo mero bueno es la entrevista", dicen unos. "El reclutador ni siquiera lee todo el CV, te llaman si les interesa cierto dato", comentan otros jóvenes con los que platiqué para este libro.

No puedo poner las manos al fuego por todos los empleadores y decir que mirarán con detalle este documento. Lo que sí garantizo es que continúa siendo un primer filtro para tener una radiografía del candidato, así que en cualquier momento (a menos que seas un directivo de altos vuelos y el enlace se dé de otra forma) escucharás la frase: "envíame tu CV".

En forma genérica se dice que este documento es una fotografía de lo que eres en lo profesional. Buena comparación, aunque para mí el CV es más como un semáforo:

Luz roja: en esta categoría están los currículos con faltas ortográficas, *copy-paste* (copiar–pegar) del CV del amigo, mala organización de datos. ¡Alto total! Para qué llamarlo.

Luz amarilla: su CV no es muy preciso, pero, adelante, algo de ella o él llamó mi atención en segundos, como para llamarlo.

Luz verde: adelante, esta persona presta atención a su búsqueda de trabajo y se nota desde la redacción del documento.

CV = *qué* quieres transmitir en este documento, *cómo* lo escribes

IQubadora, la firma de atracción de talento, proporciona el siguiente dato: en 200 postulaciones, sólo 50 currículos tienen las características adecuadas, 21 de esas personas llenan el perfil del puesto, 15 son contactados... y 7 asisten a la entrevista.

¿Te das cuenta de cómo se reduce el universo? Entonces si quieres llegar al *top* 7, empieza por dedicar tiempo a crear y actualizar este documento. Es más fácil y rápido llamarle al novio o a los amigos para pedir que te presenten el suyo. Si me dices que "es sólo para guiarme, porque fulanito está en la misma industria que yo", te diría "¡OK! Date una idea de la estructura." El problema es que muchos candidatos no se conforman con ver, se piratean todo el formato y en el *copy-paste* se traen datos que ni al caso.

Las fallas, que no faltan y cometen, incluso profesionistas experimentados, consisten en:

- No saber priorizar la información.

- Describir funciones más que demostrar hechos.

- Extenderse con datos académicos, que no interesan al reclutador y sólo aumentan las cuartillas.

- Tener una redacción descuidada. Créeme un "dedazo", invertir palabras, enviar un currículo con tintas de dos colores…. eso es tu imagen, ¿por qué quemarte si aún ni te conocen?

- Ser fan de lo genérico, en lugar de enfocarse en lo específico.

Una regla que debes repetirte mientras escribes este papelito es evitar frases de relleno que no aportan y sólo distraen al reclutador.

Ejemplo:

"Comunicadora, capaz de crear nuevos proyectos y aportar ideas que le sean de utilidad a la empresa. Excelente desempeño en el área de relaciones públicas."

Así inicia un CV que recibí. Te pregunto ¿en qué crees que destaca esta persona?, esas palabras ¿abrirían el apetito de un reclutador? Es claro que la persona busca aplicar para una agenda de relaciones públicas, pero en esas líneas no revela por qué el empleador debería fijarse en ella. ¿Qué la hace diferente?

¡Atención! A comienzos tibios, respuestas tibias… a la pila de miles de CV sin leer.

Un currículo que impacta puede descartar a 150 personas en un instante y el empleador decide en 10 segundos si tienes un perfil interesante para el puesto. No lo digo yo, lo enfatizan quienes se dedican diario a ver procesos de contratación.

¿Te gusta jugar cartas? Bueno, antes de pasar a algunos puntos sobre cómo crear un CV de impacto, me gustaría que pensaras en este documento como si fuera tu mano en tu tarde de cartas.

Con el empleador necesitas sacar el *as*, ser el rey = datos bien escritos, resultados claramente identificados.

El joto y la qüina = información genérica, no te venden.

Ahora sí, que tu currículo grite: ¡CONTRÁTAME!

1. Empecemos por el objetivo... ¿debo incluirlo?

En realidad, no siempre, o al menos no el objetivo tradicional, que recita frases, como: "desarrollar todas mis capacidades para contribuir eficientemente en una empresa". ¿Acaso no se supone que todo empleado tiene esa meta? Este dato no aporta.

Recomendación: haz un breve resumen donde enlistes tus competencias y des una probada de por qué es interesante conocerte. Utiliza este espacio para reflejar que tienes un don para cumplir con la vacante postulada, por ejemplo: aumentar ventas, controlar problemas, ampliar cartera de clientes, escribir contenidos bajo presión, lo que el puesto requiera.

Un ejemplo de resumen: *"Ejecutiva de cuentas, con X años de experiencia, en X productos o servicios de tal industria. Habilidad para colocar información en X medios y que el cliente se convierta en referencia de los líderes de opinión."*

Si tienes un giro profesional, o quieres aplicar para un puesto de rango diferente a lo que has desempeñado, el área de objetivo es útil para denotarlo. Busca que la redacción te favorezca. Menciona cuál ha sido tu base laboral y cómo eso, más otras herramientas, te permite perseguir nuevos objetivos.

Ejemplo: *"Tengo más de cinco años de experiencia en relaciones públicas en el manejo de cuentas de salud, produciendo X impacto. Busco llevar ese conocimiento a coordinar cuentas del sector farmacéutico, o cuentas de un sector Y (diferente)."*

2. Pon a dieta el CV

¿Currículos de cuatro cuartillas? Olvídalo, el reclutador no terminará de leer.

Recomendación. Sé selectivo con los datos, tienes segundos para impactar, no seas goloso con las palabras. Elige información que despierte interés y haz uso de la síntesis. El CV no es un género literario (recuérdalo por tu bien).

Reducir va acompañado de evitar ser (muy) genérico:

Mira estos ejemplos:

1. Realicé monitoreo y auditoria de información en medios de comunicación para cuentas de salud.

2. Realicé monitoreo y auditoria de información en medios *target*, como.... Tuve a mi cargo convertir la información analizada en contenidos donde mis clientes X, Y, Z pudieran participar. El resultado de esa acción fue en X periodo.

Los detalles específicos son amigos de un currículo que impacta.

Ojo al redactar: el CV no se trata del pasado, sino del futuro. Ubica las experiencias que son relevantes para el nuevo puesto al que aplicas.

3. Una versión para todos, ¿qué más quieren?

Redactar un currículo puede ser engorroso, cierto, pero hay que destinar tiempo a esta actividad y preparar diferentes versiones, afines a la actividad y la empresa a la cual aplicarás.

Recomendación*: Tú no te presentas igual ante tus amigos, que frente a una persona que te gusta. Adaptas comentarios, comportamientos e ideas para hacer un *fit* (ajuste) con tu interlocutor. En el CV pasa lo mismo, si vas por la vida con versiones generalizadas de este documento, eso no provoca una buena impresión a los ojos del empleador.

4. Qué tanto es una palabra

En el currículo, cada dato que se escribe debe ganarse su lugar y, como hay poco espacio, la información contenida debe asociarse con conceptos que despierten interés en el reclutador.

Recomendación: date una vuelta por la página de la empresa, busca cuáles son las palabras clave con las que se describe, metas, cómo le habla a su comunidad. Usa algunas de éstas en la redacción del currículo, ésa es una forma de demostrar: ¡sé lo que haces y me interesa!

Esta acción cobra especial importancia en las bolsas de trabajo en línea. En Internet se utilizan estructuras o plantillas definidas para colocar la información, y las empresas recurren a un *software* cuyo criterio para filtrar los currículos sea la presencia de ciertas palabras.

5. Lo que cuenta es la experiencia

Tienes razón, pero cuenta más *cómo demuestras* que la tienes. Una vía rápida para librar el trámite de escribir la experiencia profesional es hacer una síntesis de funciones asignadas en el puesto. Eso lo hace la mayoría, ¿qué harás tú para sobresalir?

Recomendación: recuerda las palabras mágicas: "detalles precisos / resultados" = ¿qué conseguiste en ese trabajo?, ¿cómo impactaste con tu labor en el área?, ¿cuántas personas tenías a tu cargo?

¡No te angusties! Para que sea más fácil redactar lo que lograste en el puesto, mira esta fórmula compartida por el centro de carrera de una escuela de negocios.

Método "CAR -*Challenge-Action-Results*", es decir,

RETO + ACCIÓN = RESULTADO

Una falla común es quedarse en la etapa *Challenge*, lo que significa limitarse a describir actividades. Para avanzar al punto *Action* ubica una dificultad o reto que se presentó en tu puesto y qué hiciste al respecto (aquí entran tus conocimientos, experiencia, competencia). Así llegarás a ciertos resultados.

¿Aún tienes dudas de qué información destacar? Estas preguntas te ayudarán a identificar qué cualidades te diferencian como candidato:

1. ¿Por qué sobresaliste en tu último empleo?

2 ¿Recibiste algún reconocimiento especial, sobrepasaste alguna meta?

3. ¿Alguna de las ideas que sugeriste se desarrolló en la empresa?, ¿ayudaste a mejorar algún proceso?

6. Ya terminé, ya se va

Para presumir lo que es tener un CV bien redactado, picudo, deja que alguien más lo vea y te haga observaciones.

Recomendación: que otra persona revise el documento es una oportunidad para detectar faltas de ortografía, omisión de letras, oraciones mal estructuradas. Hazlo si no quieres pasar a la cifra de "cuatro de cada 10 currículos tienen faltas de ortografía y problemas de redacción", según la asociación The English Spelling Society.

Punto final. Uno de cada cinco directivos de recursos humanos invierte menos de 30 segundos en revisar las solicitudes y cuatro de cada diez, menos de un minuto. Si no aparece la información que tenga sentido con el perfil solicitado… ¡adiós!

Mentiras piadosas… ¡ni tanto!

Existe un perfil de candidato que es conocido como el pinocho de la información, y esto es un fenómeno internacional:

52% de los argentinos ha mentido en su currículo sobre experiencia laboral.
56% de los peruanos también "maquilla su CV en este tema".
23% de los españoles falsea información sobre el manejo de idiomas y 42% en su experiencia.
México, no se queda atrás, 48% los candidatos en este país reconoce haber mentido en este documento, según un estudio de la bolsa *online* de Trabajando.com.

Que personas de varios países reconozcan hacer un *extreme makeover* en su currículo no implica estar ante una práctica recomendable, aun cuando tienda a justificarse ante la falta de oportunidades laborales. Juro que entiendo esos motivos, pero... en cuestión de engañar a un empleador, las mentiras "piadosas" no suelen dar buenos resultados.

Recuerdo que hace algunos años en una entrevista de trabajo (y en un sector bastante técnico) quien sería mi jefe me preguntó: ¿inglés, qué nivel tienes? Opté por el camino fácil de decir "bastante bueno", al menos en realizar una conversación al 100. No bien estaba terminando la frase, cuando la persona empezó a entrevistarme en inglés y me dijo que debía participar en una evaluación para analizar mi comprensión oral y escrita del idioma. "¿Qué opinas, puedes participar en el proceso tal día", expresó en inglés. La verdad, me desconcertó, seguro lo notó en mi rostro porque agregó, "esto es una manera de saber si la gente es honesta sobre su dominio de la lengua."

El candidato tiende a falsear información de temas por los que, considera, podría ser descartada, por ejemplo:

- Tiempo de permanencia en las empresas anteriores. Éste es el caso de los *job hoppers*, o salta empleos, personas que duran poco tiempo en sus empleos.

- Educación. Una práctica del "Pinocho del CV" es cambiar talleres por maestrías o diplomados, he visto casos donde la persona se inventa títulos y certificaciones.

- Poner experiencia en funciones que se desconocen.

- Idiomas. No falta el clásico: "dominio 100% inglés".

- Usar términos técnicos generando siglas mal escritas, o de especialidades que no se tienen, para impresionar al empleador.

¿Todo sea por un trabajo?

No importa el dato con el que decidas convertirte en Pinocho, el asunto es que la persona de recursos humanos que te entreviste suele estar entrenado para detectar esa "manita de gato" que haces en el CV. Reza el dicho popular "la verdad siempre sale a relucir" y eso le ha sucedido al 10% de los mexicanos, que afirman haber conseguido el trabajo con una mentira, pero al ingresar vivió el tormento de no saber cómo aplicar lo que inventó en el currículo.

Mentir en este documento es un tema controversial. En una ocasión lancé esta pregunta en una asesoría: ¿has mentido por un trabajo? Recibí comentarios, como:

"¿Las empresas 'verifican' los datos contenidos en los CV? Ja ja... Sí claro, hay empresas que ni verifican los recibos de sueldo, ahí cómo andamos."

"He exagerado en la productividad y en los resultados obtenidos cuando preguntan eso en las entrevistas, de ahí en fuera todas mis respuestas son ciertas."

No se trata de hacer un debate enfocado en la ética del candidato, y si decide o no mentir, el asunto es más sencillo y se resume en lo siguiente: las empresas buscan personas que se vinculen a ciertos valores que promueve la organización.

No conozco (aún) el caso de una organización que, al menos en su página, tenga como misión: "nos gusta mentir", "somos especialistas en adornar datos."

Imagina que la vacante implica manejar recursos financieros, o información confidencial, a la empresa no le resultaría nada atractivo reclutar a quien, desde el primer encuentro, miente. Tarde o temprano, la falta de ciertas competencias, como el nivel básico de inglés, sale a relucir en el desempeño y los resultados.

¿Para qué exponerse a que el reclutador te pida una prueba de inglés formal y quedes con cara de *what?*

La conclusión a la que he llegado al platicar sobre el tema con representantes de recursos humanos es que prefieren a un candidato sin 100% de experiencia, quizá con un nivel intermedio en ciertos conocimientos, pero que sea honesto sobre sus carencias, que aquel que adorna el CV, pero desconoce gran parte de lo que citó y, después, meterá en problemas al jefe porque no cumple con el perfil prometido.

¿Verdad, mentira… no lo sé? Lo que puedo asegurar es que tú mismo "te echas la soga al cuello", si dices que eres el *non plus ultra* y luego estás desesperado por no poder cumplir con lo que citaste en el CV y sostuviste en la entrevista.

¿Salidito de la escuela? No le temas al CV

Conseguir un trabajo siempre será un desafío, en especial si son tus primeros acercamientos laborales. El promedio en México para encontrar una primera oferta al salir de la carrera es de seis meses, según datos de Trabajando.com.

A más de 10% de la población juvenil en el país le cuesta más de un año contratarse. ¿Pocas oportunidades para demasiada oferta de egresados? Sí, la tasa de desocupación en el caso de los jóvenes supera el 8% en México.

Si más de 300 000 jóvenes egresan cada año buscando una oportunidad, y sólo 40 de cada 100 profesionistas tiene un empleo relacionado con su formación universitaria, ¿qué te digo? No puedes darte el lujo de decir "cómo me piden experiencia, las empresas no ven y ni siquiera dan oportunidades." Se oye difícil o duro pero, en serio, ya supera ese argumento. Quieres una oportunidad, esfuérzate porque el reclutador vea que existe potencial en ti.

Empecemos por el currículo, ¿cómo redactar este documento si no gozas de experiencia profesional?

Regla 1. Los currículos generalmente se descartan por formato y sintaxis. Por ejemplo, algunos jóvenes caen en el error de presentar el documento integrando dos colores, para llamar la atención. Es una práctica "cero" sugerida.

Otro tema importante: coherencia. Permite que alguien más lea en voz alta tu currículo, para detectar si las oraciones están bien estructuradas.

Regla 2. Desde mi perspectiva no es obligado incluir el 100% de las veces la foto, por muy joven y rozagante que luzcas (y esto también aplica para candidatos maduritos).

Contrario a lo que suele creerse, incluir una imagen no es indispensable a menos que la vacante lo especifique. Incluso, este elemento puede descartar al candidato. Si el empleador lo requiere, busca una foto que transmita una imagen casual y utiliza colores neutros, como una camisa blanca. Suena evidente —pero como lo he visto—, reitero, ¡no envíes fotos sociales!, sentada en un parque, en la fiesta de fin de año, en una boda.

Regla 3. Vamos a los datos básicos, comienza por tu nombre, incluye datos de contactos —teléfono y *mail*— y, para jóvenes, se vale la edad. Los empleadores tienen, incluso, escalas de edades en sus vacantes a cumplir. Y sí: ahórrate el "Lic.", en algún momento se tocará el dato de si estás titulado.

Regla 4. Respecto a datos académicos, cita los últimos estudios. Ejemplo, si es una ingeniería, licenciatura, cita dónde se estudió y fechas. No es indispensable indicar educación media superior, mucho menos el rollo de la secundaria y la primaria (¡olvídate de esa práctica!, por tu bien laboral).

Si cuentas con alguna certificación o experiencia internacional (intercambio académico) es momento de lucirlo.

Hacer mención de un promedio sólo es recomendable cuando se obtuvo mención por excelencia.

Regla 5. El error más común es pensar que el CV de un joven se limita a: ¿cuánto trabajos tuve en la carrera? La empresa que quiere dar una oportunidad a ese talento se fijará en otras cosas, como las competencias adquiridas a través de otras actividades.

Esta regla se llama "viva lo extra-académico", si sobresaliste en un evento deportivo, cultural, trabajaste en comunidades... inclúyelo y da una idea de lo que aprendiste ahí. Esta información arroja al empleador una impresión sobre otras competencias importantes: comunicación, perseverancia, actuación en escenarios adversos. Incluye fechas.

Regla 6. Los jóvenes suelen cuestionarme ¿cómo contesto cuando me preguntan sobre mis trabajos? La respuesta, y que aplica para la redacción del CV, es: cambiar el bien que vas a vender, si no hay trabajos, ¿qué otra cosa tienes para poner al servicio de la empresa?, proactividad, disposición, buscar ser empático en un primer encuentro y no hacerse menos ante las preguntas, dominio de un idioma.

En las universidades u oferta educativa de formación técnica, suele ser un requisito hacer prácticas profesionales, servicio social o hay quienes participan en programas de *trainee* (empresas como Procter & Gamble, Unilever, TenarisTemsa, son tan sólo algunos ejemplos de quienes los ofertan en México).

Coloca esa información en el apartado de experiencia profesional, señalando la empresa y el periodo que estuviste. Desafortunadamente, no muchas organizaciones garantizan una vivencia profesional real, así que cambia resultados cuantitativos por habilidades adquiridas en ese periodo.

Regla 7. Para cerrar este documento, coloca tu nivel de conocimiento en idiomas (el real, ¿sale?), sistemas, programas propios de tu formación académica.

Puedes ser creativo en el diseño (y ya verás algunos ejemplos más adelante), incluir una cuenta de instagram, o de un blog, si es representativo de tu profesión, pero conserva un orden en cómo presentas los datos.

Ejemplo de currículo de un recién egresado

Nombre

Datos de contacto

Resumen / intereses

Educación Experiencia profesional / experiencia a través de otras actividades extra académicas

Logros (sobresalientes)

Ejemplo. Mención honorífica en...

Competencias

Nivel de idiomas.

Manejo de sistemas, paqueterías, otros programas propios de la carrera.

Redes sociales (si tienen ejemplos representativos de tu trabajo crearán un impacto importante).

Para los más experimentados

Quedamos en que un currículo no se lee, en todo caso se escanea. En una fracción de segundo no querrás que el empleador pase por alto tu trayectoria profesional.

El objetivo de renovar este documento es denotar cómo has avanzando en el ámbito laboral. El CV de un profesionista experimentado necesita demostrar progreso, ese objetivo se consigue a través de:

1. **Regla 1.** Hay quienes aún con 15 años de experiencia profesional deciden presentarse en forma genérica. ¡Tache! Esa no es manera de llamar la atención.

Ejemplo: LCC (Licenciado en Ciencias de la Comunicación) César Hernández.

Esa oración no comercializa tu experiencia. Comienza con el nombre, enseguida unas líneas donde aparezcan los años de experiencia. Ejemplo:

Relacionista pública, siete años de experiencia como ejecutiva en cuentas de industria farmacéutica, orientadas a tratamientos para mujeres.

Regla 2. Si tienes más de cinco años de experiencia, el nombre de la licenciatura se va a segundo término. En la primera línea de educación debe aparecer el conocimiento adquirido en forma reciente. Ejemplo: César Hernández, mercadólogo especializado en campañas para medios digitales.

Mientras mayor trayectoria, aumenta la sugerencia de eliminar los años en que se cursó la carrera. Éste es un elemento importante para el recién egresado y no aplica igual para los experimentados.

Los candidatos que van a niveles gerenciales deben limitar las referencias académicas a diplomados o maestrías. Si el puesto demanda indicar la carrera estudiada, ésta es una opción para redactar:

Maestría en negocios, con base académica en...

Lo importante es mostrar actualizaciones y poner énfasis en logros que puedan medirse: ahorro y optimización de presupuestos, mejora en porcentajes de ventas, disminución en el porcentaje de rotación en la empresa, por citar algunos.

Regla 3. Refresca tus resultados. Recuerda que los currículos descriptivos no tienen el mismo impacto que un CV que muestre los resultados que has conseguido a lo largo de tu trayectoria.

En el currículo de una persona con mayor experiencia, ser específico en los logros es vital. Escoge los proyectos de mayor impacto en cada puesto y cita cómo se dio tu participación y qué conseguiste.

Presentar una larga lista de trabajos puede aniquilar el CV, la sugerencia es destacar los últimos siete años de experiencia y cerrar el documento con un resumen de unas cuantas líneas de otras labores desempeñadas.

Recuerda: máximo dos hojas de currículo.

Para los candidatos con más experiencia profesional, no hay obligación para mencionar cada compañía donde han laborado. Si es un trabajo que fue hace más de 10 años, no es indispensable citarlo.

Si tienes más experiencia....

(Ejemplo de CV)

PERIODISTA, CONTENIDO EDITORIAL (SOBRE...) PARA QUÉ TIPO DE MEDIO O....
PERIODISTA, 10 AÑOS DE EXPERIENCIA EN MEDIOS IMPRESOS

Nombre

Datos de contacto

RESUMEN

¿Años de experiencia?, ¿en qué áreas?, ¿algún reconocimiento?, ¿qué buscas en este puesto?

EXPERIENCIA PROFESIONAL

Fechas

Retos (actividades realizadas) + Acciones = ¿Qué resultados?

EDUCACIÓN

Actualizaciones recientes: maestrías, diplomados

Idiomas: porcentaje de conocimiento

CONOCIMIENTOS TECNOLÓGICOS

(Si son destacados o diferentes de los convencionales; no pongas que dominas Office.)

No abuses de las siglas técnicas que, quizá, no todas las comprenda o conozca el empleador.

Para los meros, meros...

Para posiciones directivas, el CV tradicional desaparece y se opta por una carta de presentación, en el que la persona hace una breve presentación de su perfil, incluyendo cifras, ahorros significativos, qué tipo de resultados (gracias a su capacidad de ejecución) más impactantes ha conseguido.

Incluye, además, áreas de *expertise* y en otro apartado cita dos o tres ejemplos de sus proyectos *highlight*, lo más picudo en su vida laboral.

Ejemplo:

César Hernández, CEO, Director General

Áreas de desarrollo (tus puntos fuertes)

Ejemplo: *apertura de mercados, planes de negocio, expansión de líneas de negocio, incremento en ventas.*

Profesional: actualización reciente, dominio de idiomas

Información de contacto

Resumen personal

¿Quién eres?, ¿por qué te consideran un líder o el mejor en tu área?, ¿qué has sido capaz de lograr en tu trayectoria?, ¿cómo han cambiado las empresas a partir de tu participación? Datos, acciones, resultados top.

Experiencia laboral

Selecciona dos a tres proyectos importantes

Fecha

Reto + acción = resultado.

Habilidades y competencias clave

Punto final. ¿Hasta aquí todo bien con el CV? Bueno, no eches a perder tu trabajo enviando el documento y citando como mail de contacto una dirección de correo electrónico ¡poco seria y bizarra! Tienes que contar con una dirección, si bien fácil de recordar, que sea formal. Cuentas como homer.simpson@hotmail.com, todosmeescriben @gmail.com, elmaschicho@hotmail.com, supermante-escribe@yahoo.com, están bien para los cuates y para reír un rato (jaja)… no para solicitar trabajo. Si quieres lucir serio y profesional que la dirección refleje eso, o hasta podrían pensar que es un spam.

Joven, experimentado, madurito

¿Qué tipo de estructura de CV te conviene, según tu perfil? Mira esas recomendaciones:

1. Currículo funcional

Este modelo se enfoca en destacar habilidades y logros obtenidos a lo largo del desempeño profesional. Es un esquema más flexible para organizar la información, porque al redactarlo te enfocas más en temas que en fechas.

A quién le conviene: es una buena alternativa para las personas conocidas como *job hoppers* —¿recuerdas?, candidatos que han tenido varios empleos en poco tiempo— o un profesionista que ha estado fuera del mercado laboral por determinado periodo. ¿Su mayor atractivo? No requiere cronología.

Lo malo: el currículo funcional no está entre los favoritos del reclutador porque, si bien destaca logros, esta forma de redactar no permite contextualizar y ubicar en qué etapa profesional se cumplieron las metas, o qué secuencia ha tenido la trayectoria de la persona. Limita al empleador la posibilidad de valorar si la persona tiene los conocimientos actualizados para el puesto.

2. Currículo híbrido = ¡combinación de 10!

Éste abarca el esquema cronológico + funcional. Funciona para incluir la experiencia de la persona por áreas y fecha en que se desarrolló en cada proyecto. Es uno de los preferidos de los reclutadores porque da una radiografía completa del candidato.

Lo malo: para quien tiene mucho tiempo en un mismo puesto o dejó de laborar por diversos aspectos, podría agobiar cómo organizar las fechas. La recomendación en este caso es mencionar periodos aproximados en los que se laboró en el puesto y poner foco en las contribuciones realizadas y las competencias adquiridas o fortalecidas.

3. Videocurrículo.

Presentarse a través de un video permite demostrar que eres capaz de resumir en poco tiempo tu vida laboral. Sólo se requiere de una *webcam* y un micrófono, pero este modelo todavía no tiene gran demanda entre los candidatos y los empleadores mexicanos.

Lo bueno: al presentarse a través de este formato se muestran habilidades de síntesis, expresión verbal y corporal.

Lo malo: si el reclutador dedica 10 segundos a revisar el currículo, un video podría estar por encima del tiempo promedio orientado a ver la experiencia laboral en papel. Los empleadores, actualmente, optan por una llamada o una entrevista vía Skype, y esta opción se utiliza para candidatos fuera de la ciudad donde se abrirá la vacante y como un primer filtro. 40% de la información en el currículo determina si la persona hace *clic* con la vacante, hay que poner mucha atención en que el video reúna en poco tiempo los datos que despierten el interés del reclutador.

4. Experiencia gráfica

Otra forma de vender tu perfil laboral mediante gráficas o infografías que destacan tus habilidades profesionales y experiencia (sitios como www.visualcv.com, ofrecen esa opción).

Lo bueno: es un modelo que permite presentar datos en forma concreta y, visualmente, más atractiva. Cumple con el promedio de los 10 segundos, puede ser una opción recomendable para profesionistas orientados a proyectos de diseño u otros de índole creativa.

Lo malo: lo más seguro es que necesites del apoyo de un diseñador para transmitir el excelente candidato que eres; es decir, no es recomendable quedarse con las plantillas ofertadas por los sitios web, hay que apostar por mostrar en este documento tu marca personal.

Además, en este tipo de CV se muestra quién es la persona y los periodos de su trayectoria, pero es limitante respecto a mostrar qué tan actualizada está la persona para cumplir con las funciones del puesto.

Y por último…. las frases que "cuando no dan vida, matan"

Con la idea de llamar la atención, puedes caer en la tentación de escribir decenas de habilidades y eso, en lugar de ayudar, genera una "comunicación ambigua" entre candidato y reclutador.

Mira este ejemplo:

"Soy Alejandro Hernández y me interesaría trabajar con usted en la vacante que está ofertando. Soy una persona comprometida con mi trabajo, trabajo en equipo y además tengo un excelente nivel de Excel y Word, más otras herramientas de diseño gráfico."

De nuevo, ¿no todos los empleados deberían trabajar en equipo y ser comprometidos con su labor? El meollo del asunto es: hay palabras trilladas que asesinan el currículo y no suman en tu labor de promoción.

Estas palabras son como las bebidas alcohólicas, no abuses de ellas o te llevarán a la perdición... pero de empleo:

1. Trabajo en equipo. Este concepto es añejo, evita caer en la tentación de mencionarlo como un **valor adicional a tu perfil.**

¿Cómo utilizarlo? La recomendación es no citarlo como si fuera una panacea. Se puede sustituir el concepto por información específica, como "me desempeño en tres áreas distintas (nombres) para agilizar la respuesta al cliente, lo que permitió incrementar X% la productividad del departamento y mi equipo." O, "coordiné un equipo de siete personas para lanzar un proyecto que obtuvo estos resultados, en este periodo."

2. Especialista en... En el CV, debes pensar en cada palabra y concepto que citas, porque éstos hablarán por ti.

Error: cuando abusas de frases tipo: "soy especialista en X cosas", "implementé este programa", "fui responsable de atender tal área", el impacto no es igual de importante que cuando acompañas eso con un resultado cualitativo y cuantitativo. Todo trabajador es responsable de una tarea en su oficina —eso no es nuevo, acéptalo—; lo que importa es cómo lo hiciste y qué conseguiste.

Cambia la frase por un dato más contundente, por ejemplo: "desarrollé un programa de atención al cliente, que consistió en... Producto de esa actividad mejoramos X cosa."

3. "Orientado a resultados". Si hay una frase que aburre es ésta, la cual forma parte de los *clichés* más citados. Un reclutador recibe miles de currículos; por lo menos, que el tuyo sea diferente.

Error: todo profesionista se orienta a resultado, mejor redacta la oración de tal manera que las acciones que emprendiste en lo profesional sea lo que brillen.

Piensa en la vieja regla de gramática: sujeto + verbo + complemento, en términos del CV: situación + acción = logro (cualitativo/ cuantitativo).

4. Confiable y dedicado. Busca ser más original, después de todo, sino eres dedicado, confiable, comprometido, responsable, puntual, entregado, ¿quién querría contratarte? Además, evita calificarte por ti mismo, deja que los logros, la experiencia, los conocimientos, los entrenamientos y las acciones resumidas en el CV demuestren la calidad de tu trabajo.

Si quieres citar un concepto que marque la diferencia, mejor recurre a competencias, por ejemplo. "Capacidad para negociar en X entorno, con ciertos elementos a favor y en contra, y consiguiendo ciertos resultados."

Punto final. Para causar una mejor imagen, puedes incluir una carta motivo, donde hagas un resumen de lo expuesto en el CV. A través de este documento, que no debe rebasar tres cuartos de cuartilla, el reclutador debe encontrar cuál es tu motivación para trabajar en su empresa y qué aspectos de tu formación y otras actividades extra académicas pueden ser interesantes para el puesto. En esta carta, las habilidades y las competencias deben redactarse con más intención.

Tip: Una vez que termines de redactar el cv, toma una hoja y escribe en una parte "puesto" y en otra "tipo de competencias que demanda". Contamos con que ya hiciste un monitoreo de los lugares dónde quieres aplicar y las vacantes disponibles.

Llena la hoja y ponte en los zapatos de la empresa (tienes que averiguar lo más que puedas de su misión, visión, valores, retos, etcétera). Anota qué tipo de habilidades buscaría el empleador y en qué porcentajes las cumples. Dale esa hoja a un amigo, práctica con él o ella una venta de tus talentos y permite que un externo valore qué tan bien promueves tu experiencia y tus talentos. Este ejercicio es una alternativa para tener mayor seguridad en el encuentro con el empleador.

CAPÍTULO 5

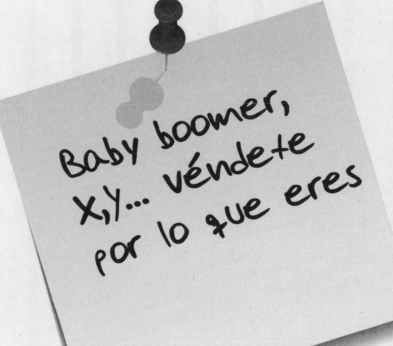

Baby boomer,
X,Y... véndete
por lo que eres

Cuando compras un seguro de autos, pienso, no te da igual el de la compañía con el águila, o el que tiene un Snoopy. Ofrecen productos con características y precios diferentes, pero sí hay algo que tienen en común: el agente necesita venderse lo mejor posible para ganar tu atención.

Bueno, lo mismo pasa entre personas de diferentes edades que están tras un empleo. La expectativa que se tiene sobre emplearse, y la experiencia, anécdotas, ejemplos, conocimientos a ofertar ante un reclutador, varía entre los candidatos, no sólo por cuestión de personalidad.

La trayectoria y lo que se ha enfrentado en el terreno profesional ¡pesa! *Baby boomers*, generación X o Y, deben vender su experiencia en forma diferente.

En México, la población económicamente activa pertenece, en su mayoría, al grupo de la generación X (28 a 45 años), y representa el 36%; le siguen los *baby boomers* (46 a 64 años) con un 27%; mientras la generación Y (20 a 27 años) tiene el 24%, de acuerdo con un estudio de la consultora Deloitte.

¿Qué los hace diferentes?

La generación X se manifiesta contra los valores que han caracterizado a sus padres y ofrecen un modelo social radicalmente diferente; por ejemplo, la idea del matrimonio y de crear una familia no los "enloquece de amor", bueno, les gusta el tema pero, sobre todo, retrasan la decisión.

Mientras los *baby boomers* son idealistas, creían en un solo trabajo para toda la vida y salir de la empresa entre aplausos y el obsequio de un reloj, los de la generación X derrochan cierto escepticismo, y no en vano, si tú éstas en ese rango de edad, recordarás que tus papás vivieron otro escenario laboral.

Su proceso de contratación fue diferente, hace 40-50 años el volumen de egresados universitarios no tenía nada que ver con la situación actual: más de tres millones de profesionistas. La relación oferta-demanda de egresados era otra; hoy, los pasaditos de 40 luchan contra la incertidumbre de una realidad marcada por reestructuraciones en las empresas, desaceleraciones económicas, nuevos y jóvenes talentos que se convierten en sus jefes.

Al otro extremo de los *baby boomers,* los X se rebelan contra la visión del trabajo estructurado, en el sentido de vivir 50 años en una organización para después ser jubilado con un "gracias". Generación X = políticas de flexibilidad y conciliación. Su lema es: "hago mi trabajo, ¿qué importa cuándo o en dónde?"

Si eres un X —no un *loser*—, seguro te has planteado elegir una empresa o trabajo a partir de la trascendencia y aportación que éste produce, no sólo porque el de recursos humanos te hable bonito. Crees en la satisfacción que ocasiona cumplir ciertas metas, sin que ello implique permanecer más de 12 horas en la oficina y sin tener que revisar una y otra vez un mismo tema (eso déjaselo al *baby boomer*).

Los profesionistas Y, por su parte, aunque les importa su desarrollo profesional, cuando tienen frente así una gama de posibilidades entre las cuales elegir, piensan en la reputación del empleador. Para que veas, ellos (as) son los (as) típicos que se cuestionan: ¿el lugar donde trabajo hace algo de responsabilidad social?

Si andas entre los 20 y 27 te surgen dudas como:

¿Este lugar es flexible?

¿La gente que trabaja aquí es abierta a escuchar opiniones?

¿Me darán chance de moverme a otro país en el trabajo?

¿Y cómo me van a capacitar... Uy, mi jefe no sabe ni *twitear*?

En serio son diferentes entre sí: los *baby boomers* tienen en promedio una antigüedad de casi ocho años, la generación X alcanza los seis, mientras los empleados de la Y tiene un promedio de trabajo de año y medio.

Aunque el tema multigeneracional no es nuevo, ha cobrado auge porque las empresas tienen el reto de mejorar la forma en que se dirigen a sus empleados de diversas edades, para comprometerlos en un mismo objetivo.

Pero, en este libro, el tema no es quién te contrata —bueno, tal vez sí—, lo importante es saber promover tus competencias según tu generación. Aquí van algunos consejos, te juro, no estorban:

No seas X, gánate al empleador

35 años... Saliste de la universidad hace más de 10 años, o concluiste alguna formación técnica. Es más, hay quienes a esta edad le andan pegando a un puesto ejecutivo picudo, con personal a su cargo y toda la onda. No entremos en si tienes o no *chalanes* que te hagan las llamadas, pero ojo: si ya tienes cierta experiencia, ¡qué necesidad de promocionarte en un nivel básico!

¿A qué me refiero? Hay profesionistas experimentados que al mirar su currículo, en lugar de ver un título que llame la atención, se anuncia de forma genérica, por dar un ejemplo. Por si eso fuera poco, anotan el lugar donde estudió la primaria y son *fan* de describir los puestos que tuvo y poner siglas técnicas de algunos programas que cursó —que ni al caso porque sólo confunden al empleador—, pero son poco elocuentes para describir *cómo* llegó a X resultados.

Calificación: "X" o tache, como la generación a la que pertenece.

¿Que si funciona para quienes rondan entre los 28 y 45? En teoría, estás en el pleno de tu desempeño laboral, ya picaste piedra, ahora hay que consolidar el derecho de piso que todo profesionista se gana en un empleo.

No es lo mismo decir "soy ejecutivo de cuentas" que "contribuí a difundir tantas campañas en X periodo, y con ellos conseguí X resultado para el área tal."

A estas alturas, y sobre todo si pasas de los 40, podría decirse que eres un *problem-solving,* una persona que sabe dar soluciones en su trabajo y no renuncia al primer contratiempo o crisis que se presenta en la organización. ¡Destácalo!

El profesionista X, y el autoaprendizaje desarrollado en años, sabe generar nuevos enfoques para resolver lo que se le presente. ¿Estás familiarizado con ello?, ya pasaste cierta curva de aprendizaje. Que el reclutador se lleve esa imagen cuando te conozca —es más—, desde que reciba tu currículo.

Estás en un momento laboral en el que puedes hablar de tu relación con el compromiso, en el sentido de estar a tiempo con tus entregas y no caer en la tendencia de postergar o abandonar el trabajo. ¿La razón? En este nivel eres un profesionista que lucha por avalar su marca —o ésa es la idea.

La inocencia de los Y

Rondas entre los 20...25, ¿qué crees que escuché hace poco? "No veo en los jóvenes que egresan de las universidades las mismas ganas y el hambre que teníamos los de nuestra generación"... Me erizó la piel —pensé— "¿en serio no hay *millennials* que traigan el compromiso a flor de piel?" Aseguro que sí, el chiste es demostrarlo.

Hay un dato que generó la Universidad Iberoamericana, y es para congelarse: en la década de los setenta, por cada universitario mexicano había tres ofertas de empleo. A partir de 1990, sólo existe un trabajo de nivel profesional disponible por cada cuatro egresados.

Primer punto: joven, pero con ánimo de aprender rápidamente y asumir compromisos. Este argumento debe ser una bandera en tus encuentros laborales.

Para los más chavos, en un escenario ideal, cuando concluyes la escuela tendrías que haber pasado al menos por una experiencia profesional: prácticas profesionales o el servicio social. Bueno, aquí está otro rubro del que debes agarrarte para destacar en una entrevista cierto conocimiento sobre el mercado laboral.

Según algunas encuestas, nueve de cada diez jóvenes con más de un año de experiencia afín a sus estudios reciben una oferta al mes de haberse graduado, mientras que los estudiantes sin experiencia tardan en ocasiones un año o más.

Verdad o verdad a medias, es un hecho que el 80% de las plazas solicitan experiencia, según datos que maneja la firma ZonaJobs. Pero —¡calma!—, eso no implica que estés condenado a esperar años por una oferta, ¿recuerdas que en otro capítulo hablamos de romper con ciertas creencias? Existen algunas competencias que serán tus aliadas al enfrentarte con el empleador.

En una plática con el vicepresidente de recursos humanos de Nextel, Luis García Orozco, le pregunté "¿qué valoras cuando ves a un joven profesionista?" —en su respuesta ni mencionó la experiencia—; me dijo: "nos fijamos en cómo manejaría o ha manejado la frustración".

F R U S T R A C I Ó N... es una competencia que tal vez no desarrollaste con cinco empleos antes de salir de la carrera, pero sí es un tipo de competencia que pudiste trabajar al participar de una actividad comunitaria en o un evento deportivo.

Y sabes qué le interesa a una farmacéutica, como Novartis: "que demuestres alta agilidad mental, adaptabilidad para relacionarse con otras personas, conocerse a sí mismos para saber cómo tienen que desarrollarse por su cuenta en el futuro." Y no lo digo yo, lo comentó en una entrevista el director de recursos humanos de esta empresa, y te aseguro que no es el único en pensar de esa manera.

Joven con actitud de tolerancia a la frustración, ganas de aprender, proactividad, eso te hace atractivo ante el empleador.

La capacidad de **aceptar críticas** y de **adaptarse a diversos escenarios** son otras habilidades amigas de un candidato, y eso te suma a ti, recién egresado. ¿A poco en tu vida escolar no recibiste críticas, o en el servicio social no te tocó trabajar con jefes que, lejos de orientarte, se dedicaron a pedir copias? Haz una lista de los escenarios vividos en la trayectoria universitaria y en educación media, piensa cómo respondiste ante las dificultades.

De la escuela de la vida y en tu paso en las aulas académicas, has aprendido más de lo que pudieras imaginar. Lo valioso es que retomes algunas de esas vivencias y las traduzcas en ejemplo para compartir en una entrevista.

Si has tenido algunos empleos, aunque no vinculados a tu profesión, habla de las destrezas personales y laborales que obtuviste en ello. Plántate, sin temor; muchos candidatos se hacen chiquitos cuando el entrevistador los cuestiona ¿dónde has trabajado?

Tu misión es lucir como un candidato apetecible de incorporar a las filas de la empresa para que moldeen a santo y seña de lo que necesita el empleador.

Y, sí, ponte buzo en responder estas preguntas:

1. ¿Cuáles son tus metas? A las empresas les interesa contratar a quien tiene claridad sobre sus objetivos,

incluso que luce poco ambicioso (ojo: no confundir lucir proactivo, con insinuar que quieres el puesto de quien te entrevista).

2. ¿Tengo resultados medibles? Si la respuesta es no, ráscale en la escuela de la vida. Piensa en qué actividades realizadas en tu trayectoria académica, a ver ¿ganaste un concurso de oratoria, de robótica?, ¿organizaste un festival, eras el símbolo deportivo de tu clase? ...algo tendrás. Piensa qué aprendizaje hubo o cómo reaccionaste ante un escenario de presión.

Por cierto, estas empresas son un imán para atraer a la generación Y:

Qualcomm (tecnología móvil)
Google
Medtronic
Intel
Microsoft
Laboratorios Abbott
Science Applications International (proveedor aeroespacial)
Rockwell Collins, Inc. (comunicación y soluciones electrónicas)

Fuente: Millennial Branding.

Baby boomer: ¡logra que tus canas vendan!

Decir o no la edad en una entrevista de trabajo. Esto es un dilema en el mercado laboral actual, donde los años —desafortunadamente— son un factor de discriminación, en lugar de una cualidad por la experiencia adquirida.

A los empleados en sus gloriosos 50 se les atribuye calificativos como: "difíciles de adaptar", "poco actualizados en tecnología", "algo mandones", "anti-*geek*". Lo que gustes y mandes, pero la verdad, esos son calificativos que tú puedes y debes romper al plantarte frente al empleador.

Si actualmente es difícil para un egresado conseguir un empleo formal, la situación de quienes sobrepasan los 50 suele ser más compleja, pero eso no implica que sea imposible. Tus canas son sinónimo de:

- Aprendizaje.

- Gran visión de mercado.

- Colmillo para controlar problemas en la organización y gente.

- Tener una base importante de clientes.

¿Le sigo? Tú ya estás para *mentorear* a otros, no vas por la vida haciendo pininos laborales y el empleador necesita ver esos atributos en tu presentación.

En América Latina, a diferencia de Europa o Estados Unidos, no suele haber cultura del envejecimiento, eso se nota en las empresas. En algunas organizaciones aún ven al empleado madurito como una persona que necesita horas de trabajo para no aburrirse, o alguien que ya no tiene la misma destreza para desempeñarse.

Que la persona pase de los 50 no implica estar anulada para crear un perfil laboral en Internet, como tampoco lo está para poner su experiencia en manos de los mejores compradores.

El mercado laboral en México se está llenando de gente más joven, con nóminas bajas; esto pone a algunos mayorcitos en una situación de vulnerabilidad porque deben abaratar sus conocimientos con tal de tener un empleo.

Aprovecha la frase que dice ahora: "los 50 son los nuevos 40, los 40 son los 30…", en otras palabras, acaba con la idea de que nadie te contratará. Pero —no tan rápido—, un cambio de visión implica hacer otras pequeñas transformaciones, como hacer de tu *marketing* personal el mejor aliado.

¿Qué sí hacer? Tú, en este momento, ya vales por quien eres y no sólo por las empresas que has representado. ¿Notas que cuando un cliente va a tu empresa te busca a ti y sólo a ti? Eso debes promover: el reconocimiento, del cual gozas en tu actividad + contactos + ojo clínico para ver lo que otros novatos no hacen + habilidad para conseguir un sí, donde otros menos experimentados pudieran recibir un no.

Una regla importante, sin importar si eres X, Y, o *boomer* es "siempre busca trabajo" —y no es que seas desleal. Para los cuarentones esto resulta básico, mantenerse actualizado sobre quién paga mejor la experiencia; además, ayuda a estar listo para brincar rápidamente a otro proyecto en caso de cualquier mala noticia en tu empleo actual.

Créeme, he visto casos de personas maduras que el despido llegó a su vida sin tener un *kit* de emergencia a la mano, es decir, sin un CV actualizado, sin tener su red de contactos al día para llamar, sin tener idea de cuánto se está cobrando por su puesto afuera. ¡Bomba! que no ¡*boomer*!, así de pronto explota la noticia de que a los 50 y picos hay que tocar puertas.

A este nivel la competencia de autoaprendizaje debe estar a su máximo. No es el mejor momento para decir: "yo sé mi juego y que un jovencito no quiera cambiarlo", o que cuando te reciba el reclutador en la entrevista hagas gesto de "y este jovencito, a poco sabe entrevistar."

Recuerdo que en un proceso de entrevista, el candidato, pasadito de los 50, llegó a la empresa y cuando la chica de recursos humanos lo recibió (una jovencita con apenas cinco años de experiencia), él dijo: "¿no me entrevistará el responsable del área?" Vaya que con esas palabras puso fin a sus cinco minutos de gloria.

Toma nota:

Los problemas que vive una empresa son cíclicos, es decir, una crisis económica se puede repetir, al igual que verse en la necesidad de optimizar por x o y factor externo. El profesional experimentado debe dar una probada de lo que puede hacer para acabar con dificultades de ese tipo.

Vende capacidad de orientar + actuar con rapidez + confiabilidad + conocedor de riesgos + implementador de soluciones.

Se buscan capitanes

Cuando estés en el proceso de búsqueda, detecta las organizaciones que valoran e impulsan la presencia de profesionales mayores entre sus filas. O bien, las firmas de *headhunter* que promueven la contratación de empleados mayores para proyectos por tiempo definido, y en calidad de consultores.

Claro está que no todas las personas apuntarán a ser consultores, para algunos profesionistas, en este periodo, la opción ha sido iniciar sus propios negocios. Cual sea el camino que tomes, la edad no puede ser el fantasma que te intimide o te haga fallar en un encuentro. Aprende a lidiar con lo que sucede en el mercado, ¿qué pasa? Muchas empresas contratan, por menor presupuesto, a personas menos experimentadas, ese es el juego, y debes saber dar la vuelta al escenario.

En el 2050 habrá alrededor de 400 millones de personas mayores de 80 años en el mundo, estima la Organización Mundial de la Salud (OMS). Más población en una etapa de envejecimiento, más competencia, por lo tanto, necesitas destacar:

1. Que el miedo no te gane. Sí, tienes más de 50, pero no por ello eres menos capaz o inteligente para cubrir una función. Querer negociar o hablar de experiencia desde la debilidad y el temor será un punto negativo para ti. Si son pocas las empresas que dignifican la edad, identifícalas y haz un plan de acción para acercarte a ellas.

Piensa cómo hacer una propuesta de valor. ¿Qué es esto? En mercadotécnica esto significa seleccionar y jerarquizar los elementos que serán más valorados por el mercado y, luego, hacerlos replicables según lo que necesite la empresa.

Determina qué elementos de tu experiencia podrían ser más apetecibles para la organización donde desees colocarte. Deja claro por qué tu perfil tiene ventajas, poco alcanzables por los menos experimentados.

2. Sé abierto. Que con tu ejemplo se rompa el mito de que los mayores de 50 son reacios al cambio, demuestra qué tan abierto eres a conceptos como: trabajar con diversas generaciones, seguir en un proceso de autoaprendizaje, adaptarte tanto a nuevas culturas corporativas como estilos de trabajo; incluso, estar dispuesto a enseñar a otros.

Regla. Debes ser enfático (a) en dar ejemplos sobre imprevistos cubiertos, áreas de oportunidad que has visto en tu carrera y cómo te has involucrado en actuar en esos escenarios. ¿Qué tal haber despedido a otros colaboradores? Eso es un tema espeluznante, pero si ya pasaste por esas experiencias, dilo, muestra con qué "terrenos" has lidiado.

3. Llámame: *Mr.* o *Miss* Contactos. Si los tienes, presúmelos, date el lujo de hablar sobre la red que has formando, durante tu trayectoria, en tu sector, y cuán importante es conocer al dedillo la industria donde te desenvuelves.

Regla. Un profesionista así de movido y experimentado es valioso para las empresas que desean expandir el negocio y necesitan de alguien que los acerque al nuevo nicho en forma rápida; sin pasar por la curva de aprendizaje necesaria para entrenar a un joven.

4. Intégrate, no pasa nada. Si el entrevistador es de menor edad, haz como si nada pasara; pues, así como intimidarse no ayuda, la soberbia tampoco. Eso como primer punto, y segundo:

Regla. Haz comentarios orientados a cómo tu experiencia puede ayudar a integrar los puntos fuertes, el talento que ya existe en la empresa, y cómo puedes ayudar a otros, con menos trayectoria, a enfrentar sus resultados. Insisto, tienes horas de vuelo, así que ponlas a disposición del nuevo lugar de trabajo, esos comentarios se perciben como menos amenazantes por los reclutadores.

5. Cuida los detalles. Con la finalidad de evitar un filtro previo a la entrevista, se sugiere no incluir fotografía del candidato en el CV. Destaca en tus mayores atributos, sin entretenerte en temas de la edad o imagen.

A diferencia de un egresado que promueve su deseo de ganar conocimientos y moldearse en la empresa, el profesionista maduro debe destacar destrezas muy específicas: control emocional, constancia comprobable por medio de ciertos resultados, conocimiento del mercado, capacidad de respuesta rápida.

Regla. Como se comentó en el capítulo sobre *currículo*, no pierdas tiempo y espacio en recapitular los primeros trabajos, o el lugar donde cursaste la secundaria, etcétera. Anota los puestos relevantes, capacitaciones y entrenamientos que muestren tu intención por actualizarte continuamente. Debes lucir vigente, no rezagado y con disposición a reciclarte.

Realiza una radiografía de qué tipo de puestos podrían pagar mejor tu conocimiento, aunque el mercado laboral no está en bonanza, hay empresas dispuestas a pagar por destrezas diferentes.

En el mercado laboral hay iniciativas, como: Laboro 50+50, que busca a personas con experiencia comprobada y puedan continuar su trayectoria, como especialistas, asesorando a empresas en problemas estratégicos. Se trabaja bajo un esquema temporal, en proyectos vinculados al área de conocimiento del adulto (www.laboro50.org/).

CAPÍTULO 6

La hora de la verdad: cara a cara con el reclutador

La llamada o el correo que estabas esperando llegó: "¿puedes presentarte en la entrevista?" Esto significa que el currículo enviado, las redes de contacto y el trabajo de investigación previo están cumpliendo su efecto. Pero —no tan rápido—, hay un pequeño e insignificante detalle: es tu momento de convencer. Aquí se sabe quién es quién en venderse como la mejor opción para ocupar el puesto.

Claro, con la emoción ante esa oportunidad, viene el nerviosismo, la sudoración, el tartamudeo frente al reclutador, los dedos temblando, o ¿exagero? Claro que es normal, aunque tengas cierta experiencia en solicitar trabajo, cada entrevista es diferente y el reclutador puede sorprender con actitudes y preguntas nada convencionales.

Así como invertiste tiempo para preparar un currículo, ahora debes hacerlo para la entrevista, y en este encuentro el tiempo también es un elemento clave. Mira:

> En los primeros cinco minutos el reclutador se percata de si un candidato funciona o no para el puesto. El 90% de los reclutadores llega a esa conclusión a los 15 minutos, según una encuesta que aplicó el portal CareerBuilder.

A veces, como candidatos, cometemos el error de pensar que si no empezamos la entrevista con el pie derecho, mientras ésta avanza, habrá tiempo para recuperarnos y hacer un comentario que sorprenda al reclutador. Lamento decirte que pocas veces es así.

Además, considera que el currículum es sólo un documento que refiere o 'grafica' tu experiencia. Pero en la entrevista, el empleador o el reclutador hacen un análisis más detallado, casi psicológico de tu perfil. Situaciones como haber vivido un divorcio complicado pueden afectarte en la entrevista cuando, por ejemplo, el entrevistador pregunta por la situación familiar, esto a veces deriva en que el candidato más experimentado, desde la perspectiva profesional, se derrumbe. Hay que prepararse, quieren saber de tus valores, de qué es prioridad en tu vida y por qué, o cómo has salido de situaciones difíciles. Necesitas tener esto en mente y prepararte.

Se dice que "un vendedor no está satisfecho hasta que tiene el dinero en su bolsillo", pues lo mismo sucede con un trabajo. Hasta que no consigues una oferta de trabajo, o mínimo, "me interesa tu perfil", no bajes la guardia.

Esta imagen puede dar una idea de qué valoran los empleadores en la entrevista:

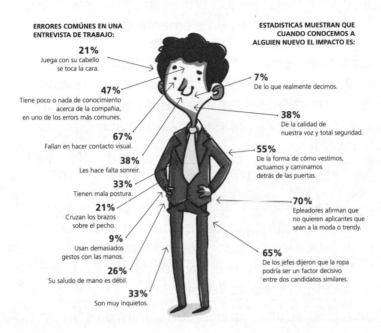

ERRORES COMÚNES EN UNA ENTREVISTA DE TRABAJO:

21%
Juega con su cabello se toca la cara.

47%
Tiene poco o nada de conocimiento acerca de la compañia, en uno de los errors más comunes.

67%
Fallan en hacer contacto visual.

38%
Les hace falta sonreir.

33%
Tienen mala postura.

21%
Cruzan los brazos sobre el pecho.

9%
Usan demasiados gestos con las manos.

26%
Su saludo de mano es débil.

33%
Son muy inquietos.

ESTADISTICAS MUESTRAN QUE CUANDO CONOCEMOS A ALGUIEN NUEVO EL IMPACTO ES:

7%
De lo que realmente decimos.

38%
De la calidad de nuestra voz y total seguridad.

55%
De la forma de cómo vestimos, actuamos y caminamos detrás de las puertas.

70%
Epleadores afirman que no quieren aplicantes que sean a la moda o trendy.

65%
De los jefes dijeron que la ropa podría ser un factor decisivo entre dos candidatos similares.

Fuente: Encuesta a 2,000 jefes. Información e infografía de la firma *Classes and Carrers*

El recién egresado contra las momias, ¡que no te intimiden!

¿Cuál es tu mayor preocupación al acudir a una entrevista? Estos son algunos de los temores que más escucho en mi participación en un portal de recursos humanos:

- Que pidan experiencia, cuando no dan oportunidad de adquirirla.

- No cubrir el perfil.

- Que me digan que mi salario no es lo que esperaba.

- Que no me den el empleo que tanto necesito.

Sólo hay unos minutos para ganarse el interés sobre tu persona, así que es clave concentrarse en qué dirás y cómo lo harás, ¿cuáles serán tus principales argumentos de venta? Antes de entrar en materia en esas preguntas, es importante recordar que eso no es lo único a lo que presta atención un empleador.

La vestimenta, cómo comuniques la información y la forma en que cierres este encuentro contarán y mucho. Vayamos por partes, así identificarás cómo preparar este encuentro: **Lúcete, la vestimenta sí importa.**

Piensas que tu talento habla por sí sólo y no es necesario, o resulta banal pensar en cómo arreglarse para atender una entrevista de trabajo. Lo respeto, pero no coincido con ello. Aún no conozco a un empleador que me haya dicho: "llegó en camiseta, en sandalias, en *jeans* y me valió, lo contraté."

Demostrar capacidad para desempeñar el puesto, a través de conocimientos y tu lista de competencias, es vital, no está a discusión y lo harás con tus argumentos. Pero ¿no se supone que serás la imagen de una empresa?, entonces ¿por qué hacerle el feo al tema de cómo vestir en ese primer encuentro?

Atención: nunca dije cuidar la vestimenta = a sal y compra lo más caro. Es, sencillamente, cuidar la imagen, la ropa que, según dicen los especialistas en el tema, también comunica.

Algunos candidatos que se ponen en contacto conmigo expresan molestia por considerar que las empresas deberían fijarse en el talento y no en la ropa. Pero, platicando de este tema con una asesora de imagen que da consultoría en *branding* político, me hizo esta observación al respecto: "¿tú comprarías un artículo con empaque de baja calidad, que luce roto, descuidado y sucio?"

Yo no, ¿tú? Entonces ¿quién compra a un candidato que en su primera cita luce descuidado, poco aseado, peor que si fuera al cine o a bailar con los cuates?

Si lo ponemos en términos de números, en esto se fija una persona cuando te conoce:

La imagen física representa el 55%, mientras la voz se lleva un 38%. De acuerdo con estudios de la *Society for Human Resource Management,* un 95% de los reclutadores estima que un candidato con ropa demasiado informal tiene un punto en su contra.

Otros
aspectos
7%

Voz
38%

Imagen física
55%

Otro estudio, publicado por una firma de reclutamiento en el Reino Unido, arrojó que 4 de cada 10 reclutadores (que reúnen, alrededor de 3 000 entrevistados) deciden no elegir a un candidato por cómo acudió vestido a la entrevista.

Me parece que con estas cifras queda claro por qué no puedes darle la vuelta al tema. Sería pretencioso decir que por no cumplir con cierta imagen estás descartado, pero si se trata de tu primer encuentro ¿quieres jugártela?

La imagen está compuesta por la apariencia física, vestimenta, voz y puntualidad. La primera recomendación es, previo a la charla de trabajo, investigar cómo es el código en la organización a la que acudirás, incluso puedes visitar el lugar unos días antes.

De ahí puedes tomar ideas.

A ver, entiendo que esa gente ya labora en el lugar de tus sueños, y no tiene por qué llevar el estilo "quiero contratarme". Por eso, mira estas sugerencias para acudir a tu primer encuentro:

1. ¿Qué vestir?

Ellos

¡Di sí a los trajes! Para los hombres, ésta es la opción más recomendable. Se considera que una elección de color oscuro comunica autoridad. Por cierto, el color negro suele transmitir lejanía, de acuerdo con asesores en imagen, pero si la entrevista es para un cargo de dirección, es una alternativa atinada.

Código de camisas. Una opción que no falla es totalmente lisa y blanca. Le sigue el tono azul claro o el modelo con líneas delgadas. Para citas de trabajo en una ciudad con clima cálido, puedes optar por telas más ligeras o, según las características de la empresa, una guayabera.

Las camisas de color reflejan dinamismo, calidez y energía. La elección de ir sólo con un tono blanco depende de la actividad laboral y del giro de la empresa. Si es un puesto en un despacho de abogados, en una consultoría, por ejemplo, es lo más recomendable. Si se trata de trabajos vinculados a tareas más creativas, puedes optar por una camisa de color, ¡sin que seas un arco iris!

El hombre puede contrastar el traje con una corbata de color más llamativo (azul, beige, rojo, amarillo, rosa).

Ellas

No es indispensable llevar traje sastre, aunque hay empresas que sí se fijan en esta característica (por eso es valioso averiguar antes). Puedes optar por:

- Vestido.
- Falda (el largo indicado es debajo de la rodilla o máximo tres dedos arriba) + camisa o blusa + saco.
- Pantalón recto + blusa camisera + saco o suéter tipo *cardigan.*

¿Colores? Azul marino, gamas de gris, chocolate y negro; para ellas sí se recomienda este último porque el uso de accesorios diversifica el color y resta el elemento de lejanía.

2. Pequeños detalles. Así como en los contratos existe la letra pequeña, también al vestir hay que prestar atención en aspectos que pueden lucir insignificantes. Uno de ellos es reconocer la forma del cuerpo, así eliges lo que más te favorece.

Ejemplo: un traje de dos botones luce mejor en un hombre delgado y de talle corto, mientras uno de tres será mejor para alguien de baja estatura. Otro *tip*: los tonos lisos proyectan más poder que las prendas con patrones como rayas o cuadros, éstas refieren accesibilidad.

Más allá de la ropa. Hay que transmitir una imagen pulcra, pero sin excesos. Demasiada perfección no va, tampoco exageres en el uso de ciertos productos, como el gel en el cabello, ni lleves el nudo de la corbata como si te faltara el aire.

Los zapatos ¡impecables!, ¿crees que esta recomendación es obvia? La verdad es muy común ver a candidatos que llegan con el calzado sucio, mocasines sin calcetas, mujeres con medias de encaje y maquillaje o accesorios que caen en la categoría del exceso.

3. ¿Se valen los *jeans*? Es una pregunta clave cuando se trata de vestimenta para la entrevista de trabajo. Algunos especialistas en imagen se muestran a favor de sugerirlo si en la empresa es común su uso. Eso sí, que sean *jeans* en tono azul marino (no deslavados) con un corte a la cintura y que favorezca la figura. En lo personal no los recomiendo en la entrevista de trabajo.

4. ¡Contesta que llama tu mamá! Los dispositivos electrónicos también forman parte de la imagen. Si te gusta personalizar el tono de la llamada con la voz de un amigo, tu familia o la canción ultra sonada, deja eso para tu casa, en la entrevista más vale ponerlo en vibración, o con un sonido formal y en volumen bajo.

5. Perdón, ¡había mucho tráfico! La imagen no se reduce exclusivamente a la ropa. La puntualidad forma parte de este tema, y es importante hacer esta aclaración porque es común que el candidato llegue tarde a la reunión y se disculpe argumentando el tráfico, el sindicato de maestros, la gravedad de un familiar. La impuntualidad no se justifica al tratarse de trabajo, si el empleador no te recibe a tiempo es otra historia, pero ¿quién quiere el empleo?...¡Tú!

Importante: llegar 30 minutos antes tampoco te dará puntos extras, al contrario, puedes irritar al reclutador si está con cientos de pendientes. Diez minutos de anticipación basta, hasta dará chance para entrar al baño y revisar que todo esté ok con tu imagen.

Tu cuerpo dice ¡Soy el mejor!

De la siguiente lista, ¿qué conductas has tenido frente a un reclutador?

- Desviar tu mirada de los ojos del empleador.
- Cruzar la pierna continuamente.
- Hablar en voz baja.
- Tocarte el cabello con frecuencia.
- Cruzar los brazos.
- Balancearte en la silla.
- Mover las manos al grado de casi dar un manotazo al reclutador.

¿Se te hizo familiar más de una? Más vale ir pensando cómo te armarás de valor para estar tranquilo y evitar estas actitudes que distraen o que hasta pueden generar cierta desconfianza en el reclutador.

Me gusta dar algunas cifras porque creo que con ellas te das una idea de cómo influyen determinados aspectos en la contratación. El 93% de una plática está compuesta por mensajes de lenguaje no verbal. Las señales de comunicación no verbal que se envíen al empleador pueden complicar una entrevista o dar un giro positivo.

En una entrevista puedes ser el mejor vendiendo tu experiencia, la calificación con que egresaste, tus actividades extra curriculares y más. ¿De qué sirve tener tan buenos datos si al comunicarlos miras al techo, o tartamudeas?

El reclutador se fija en tu habilidad para comunicar, transmitir confianza, generar empatía o evadir temas que reflejen lo que reamente eres en lo profesional y personal.

La próxima vez que sientas la tentación de cruzar los brazos, apuntar con el dedo para hacer una afirmación o bajar la vista mientras contestas, mucho ojo con lo que puedes transmitir:

Mirada. Seguro has escuchado que los ojos son la ventana del alma, fuera de ese aspecto poético piensa en cómo reaccionas cuando platicas con alguien y no te mira a los ojos.

¿Qué sensación te produce? Ahora traslada esa imagen a una entrevista; si desvías la mirada continuamente comunicas inseguridad. Una mirada firme —pero no retadora— envía mensajes de seguridad y respeto.

Manos en la mesa. Al hablar te apoyas con las manos para dar explicaciones y es una herramienta útil para dar ejemplos, pero evita hacer de esa conducta un *Cirque du Soleil* de manotazos, pues causa distracción. Usa esta acción si quieres dar fuerza a tus palabras o precisar algún comentario del reclutador.

El aspecto que, de plano, debes evitar es permanecer con brazos cruzados, esto denota indiferencia e, incluso, cierta actitud retadora.

La silla, mi columpio. Cuidado con moverte de un lado a otro, o apoyarte en la silla como si estuvieras frente al televisor, puede percibirse como falta de interés, intranquilidad o que estás medio aburrido. Busca una postura donde te sientas cómodo y evites el balanceo, no querrás que piense que quieres ir al baño.

Sonreir, no te cuesta nada. Si el entrevistador hace algún comentario que te molesta o desconcierta, evita ponerte a la defensiva con el tono de voz o un movimiento brusco. Te parecerá poesía, pero expertos en comunicación refieren que al mantener una actitud positiva y regalar una sonrisa en este encuentro ayuda. Además de mostrar que eres una persona amigable, despierta empatía. Pero, sonrisita natural, no de actriz con mueca fingida.

Éstas son otras claves del lenguaje corporal:

Movimiento	Significado
Acariciarse la quijada	Toma de decisiones
Entrelazar los dedos	Autoridad
Mirar hacia abajo	No creer en lo que te dicen
Golpear sutilmente los dedos	Impaciencia
Inclinar ligeramente la cabeza	Interés
Palma de la mano abierta	Sinceridad, franqueza
Jugar con el cabello continuamente	Inseguridad
Brazos cruzados a la altura del pecho	Actitud a la defensiva

Las seis preguntas de batalla... y las respuestas para enamorar

Ahora sí, a intercambiar información que para eso es este encuentro. Estás aquí para hablar de lo que has hecho, de lo que has aprendido en tu trayectoria y de cómo se beneficiarían con tu contratación (sin sonar arrogante, ¡claro!).

Por el contrario, para muchos candidatos es el momento en que se quedan en blanco, o dudan ante la respuesta de ciertas preguntas. Entendible, ni más ni menos, hay que dar una buena impresión y arrojar información que te coloque como la opción uno.

La mejor manera de salir airoso en este encuentro es prepararte para las preguntas tradicionales y poco convencionales del empleador.

Entre las preguntas que plantea un reclutador, algunas son más temidas por poca experiencia, porque no has practicado o no te has dado tiempo para pensar "¿de qué manera puedo responder a… mis debilidades" Ésta es como las canciones de José José en una reunión, no fallan pero, aunque es un clásico, curiosamente es de las que más me refieren como "la temida".

Recuerdo que, en un proceso de contratación, se cuestionó a la persona: "¿cuáles son tus planes para los próximos cinco años?" La persona, con mucha honestidad respondió: "me veo con mi negocio propio… creo tener esa madera para emprender." Sabes qué sucedió con ese candidato: *caput*, lo descartaron de inmediato. ¿Por qué dar el trabajo a una persona que planea abandonarte y sólo utilizará el empleo como una plataforma temporal?

Reunir información antes del encuentro, ensayar tus respuestas y las preguntas que plantearás al empleador, cuando sea tu turno, son tus herramientas de cajón para tener un mejor desempeño. Empecemos con las seis que son un clásico:

1. Platícame de ti, ¿por qué debo contratarte?

Desde esta pregunta, que puede resultar tan básica, empieza un proceso de venta diferente de tu perfil. Hay que evitar las respuestas genéricas: "Soy Érika Hernández y estudié X profesión."

Para responder, y con ello te puedes vincular a por qué sería un buen elemento para la empresa, hay que pensar en las razones que orillan a una empresa a contratar:

a) Buscan a la persona para mejorar la calidad de un producto o servicio.

b) Hacer más eficiente el servicio y los resultados al cliente.

c) Disminuir costos y tiempos.

d) Abrir una nueva línea de negocio.

e) Establecer una nueva manera de resolver un problema, a partir de un nuevo perfil profesional y otros.

Debes identificar a cuál beneficio correspondes, pues a partir de eso sabrás qué valor le darás al puesto y a la empresa. Así podrías contestar: "Soy Érika Hernández, abogada, y me especializo en asesorar sobre planes de compensación más competitivos para la empresa."

Tip. Contesta a la pregunta quién soy con el plus que representarás al ser contratado.

2. ¿Cuáles son tus habilidades?

Esta pregunta se puede contestar con base en la experiencia profesional (poca o mucha) o tus conocimientos académicos y adquiridos a través de otros entrenamientos. Pero... dale la vuelta a esa fórmula trillada, contesta por medio de problemas o situaciones que eres capaz de resolver.

Puedes hacer uso de las competencias mejor desarrolladas: resolución de problemas, capacidad de establecer y fortalecer, ejecución en X escenarios.

Esta es una forma de expresarlo: "Mi fortaleza es crear acuerdos en el equipo de trabajo cuando aumenta el estrés por un 'bomberazo', un proyecto repentino."

Tip. Habla de tus fortalezas con hechos, con ejemplos de lo que hayas vivido en otros empleos.

3. Dime tus defectos

Verás que dejarás de *sacarle* a esta respuesta. Culturalmente se tiene miedo a hablar de las debilidades. Creemos que mencionar un defecto es "echarnos tierra" para no contratarnos, como si fuera algo negativo. Eso no sucede si mencionas una debilidad que puedes convertir en oportunidad. Otra sugerencia es admitir un defecto menor y explicar qué haces para solucionarlo.

Ejemplo. "Soy impulsiva y me siento impaciente con la gente que no trabaja tan rápido como yo." Esto es una debilidad y puedes transformarla así: "entiendo que integrar diferentes opiniones da mejores resultados, he estado trabajando en fomentar la lluvia de ideas." Es un ejemplo, adapta la respuesta a tu propio contexto.

Tip. ¡Quiero que destaques! Olvídate de las respuestas cliché como: soy perfeccionista, obsesivo, workaholic, me cuesta llegar a tiempo.

4. ¿Por qué quieres estar con nosotros?

Con esta pregunta la empresa se percata si cumpliste tu tarea, es decir, qué tanto sabes de la compañía: su filosofía, misión y visión, resultados, lugar en el mercado, principales competidores, retos, etcétera. Esta información ayuda no sólo a ir con mayor confianza, sino también identificar cómo encajarías en la empresa. Si recopilaste esos datos, previo a tu encuentro, y pediste a tus conocidos comentarios sobre ella, éste es el mejor momento para hablar de por qué eres el número uno para el puesto, cómo te identificas con sus necesidades y qué podrías hacer para convertir en tuyos los objetivos que traigan en puerta.

Tip. Vincula la respuesta a la característica donde destaque la empresa.

Ejemplos: "Cuando me enteré de la vacante en esta área y los objetivos que deben cubrir, me sentí muy interesado en colaborar con ustedes por X razones."

"Estoy impresionada con lo que ha logrado esta empresa, en X aspecto. Creo que sería gratificante ser parte de este lugar por… (habla de lo que tienes en mente para tu proyecto profesional)."

5. ¿Por qué has tenido tantos empleos?

Esta pregunta también cabe en la categoría de las temidas, y para contestar debes dar respuestas aceptables, pero sin exceder el tiempo para abordar esta información.

a) Menciona que hiciste cambios porque se trataba de un ascenso laboral.

b) Puedes argumentar que decidiste conocer diversos mercados, hasta encontrar el más adecuado para tu desarrollo y consideras que en esta empresa lo puedes lograr.

c) ¡No dejes que los nervios te coman en esta respuesta! Lo importante es enfocarte en que estás listo (a) para una posición permanente, porque los cambios constantes inquietan a los entrevistadores.

Tip. No contestes a este planteamiento con argumentos económicos, exclusivamente, pon énfasis en el crecimiento profesional. Recuerdo que en una entrevista una persona respondió: "soy una persona de retos y si no me motivan me aburro y busco otras cosas." ¿Crees que el empleador quiera contratar a quien lo deje a los primeros meses?

6. ¿Cuáles son tus expectativas de salario?

Sabías que el 58% de los gerentes de reclutamiento hace una primera oferta que se puede renegociar. Alrededor del 60% de los empleadores incrementará su propuesta sólo una vez.

El empleador sabe cuánto puede pagar y cómo puede ir mejorando la percepción de la persona, conforme se desarrolle en la empresa, el tema es ¿lo sabes tú? Muchos entrevistados se quedan con un signo de interrogación al escucharla, lo cual es un error, necesitas saber cómo se cotiza tu trabajo. Eso te ayudará, entre otras cosas, a saber qué es lo menos que podrías aceptar.

Esta información siempre será delicada de manejar, lo mejor es esperar a que el empleador saque la pregunta. La empresa tiene una perspectiva de cuánto puede ofrecer y cómo puede ir creciendo al candidato, en pesos ($$$), más adelante. Haz tu tarea e investiga los rangos salariales en que puedes moverte. Hay diversas fuentes de información: consultar a tu red de contactos, preguntar en redes sociales, recurrir a la bolsa de trabajo de la universidad, internet; diversas empresas en recursos humanos sacan encuestas sobre remuneración salarial. Es el caso de la *American Chamber of Commerce* (Cámara de Comercio en México), http://www.nominax.com/CalculadoradeSueldoNeto/

Tip. Sobre la idea que lleves de salario, se puede pedir un 25% arriba (para candidatos con cierta experiencia), pero esto es una sugerencia general, irte "más arriba o abajo" depende de las características de la empresa.

Escucho que algunos candidatos dicen "no quiero oírme muy alto." Yo les pregunto: ¿investigaste sobre la empresa?, ¿quiénes son sus clientes?, ¿cuáles sus ventas recientes?, ¿qué implica el puesto?, ¿qué funciones harás, además de lo de cajón? Esto influye para determinar cuánto más podrías solicitar.

¿Y mi primer sueldo?

El portal laboral, CareerBuilder, realizó una encuesta entre más de 500 empleadores y mira lo que encontró:

- Seis de cada diez reclutadores incrementará su oferta una vez.
- Sólo 10% lo hará dos o más veces si considera que es el candidato correcto.
- Únicamente el 30% de los contratantes considera la primera oferta como final.

Los más experimentados tienen una idea de cómo se cotiza su puesto en la industria y el sector donde se desempeñan, y si tú eres recién egresado, debes irte entrenando en el tema. El clásico "no sé cuánto podrían darme" no causa una buena impresión; la idea es que previo a conocer al reclutador investigues el dato.

Un primer filtro que puede funcionarte son tus prácticas profesionales —ajá, a lo mejor ni te pagaron, o sólo te dieron para el transporte. Sin embargo, puedes acercarte a gente con la que laboraste para pedir una orientación, un estimado, de cómo se cubren puestos de primer ingreso. Es diferente cuando se realiza un *trainee*, ahí se estipula un pago y es un parámetro de referencia.

¿Qué tipo de ventajas te da este acercamiento en el mercado laboral? Mira estas cifras.

Razones por las que un joven que hizo prácticas profesionales o fue becario tiene mayor oportunidad de obtener un empleo:

Razones	Porcentaje
Adquieren conocimientos	21%
Desarrollan habilidades para trabajar	19%
Cuentan con experiencia	19%
Adquieren responsabilidades asignadas	14%
Logran resultados	11%
Cumplen con un horario	8%
Aprenden a administrar su tiempo	8%

Fuente: Manpower, encuesta Motores de Empleabilidad en Jóvenes, 11,116 participantes.

Más vale ponerse las pilas para conocer las necesidades del mercado laboral pues, al menos en el caso de las organizaciones, no todas cuentan con un programa de contratación de personal joven. Mira:

Empresas con programa de contratación de jóvenes

Países	Sí	No
República Dominicana	58%	42%
México	53%	45%
El Salvador	51%	46%
Guatemala	49%	48%
Honduras	45%	54%
Nicaragua	42%	56%

Fuente: Manpower, encuesta Motores de Empleabilidad en Jóvenes.

Las fuentes de consulta no terminan ahí: internet, redes sociales, bolsa de trabajo de la universidad, asociaciones vinculadas a tu profesión, cámaras de comercio, familiares, todo ello es una opción para obtener una idea promedio de cómo plantear tu primer sueldo, independiente a que la empresa tenga un presupuesto.

Para jovencitos y los no tanto, pon atención a cómo se compone tu percepción salarial: ¿cuánto es la cantidad en bruto?, ¿cuánto incluyendo esquemas de compensación?

Entender es el principio para definir cuánto es lo máximo o mínimo en que es posible moverse como candidato.

Egresado: investiga para que no te tomen en curva con una primera oferta, ¿es poco, o es mucho? Necesitas información para responder, pon en esa balanza la manera en que logres vender tu perfil.

Desde la escuela, pregúntate:

- ¿Cuánto paga una práctica en cierta industria y compañía?

- ¿Qué candidatos he escuchado que ganan más o menos y por qué?

- ¿Ofrecen más si domino el inglés?

- ¿Cuánto tiempo tendría que pasar de un sueldo a otro y por qué?

Los egresados que tuvieron experiencias, como prácticas profesionales en variadas empresas, o dominan un idioma u otros sistemas específicos, pueden tratar de negociar un 10 a 15% adicional a la propuesta original.

Hay que dejar que el entrevistador dé la pauta para hablar sobre ello. Una vez que llegue el momento ten a la mano una respuesta concreta y muéstrate con cierta posibilidad a negociar, con base en cómo se cotiza tu puesto.

¿Y las competencias?

Esta palabrita la has escuchado a lo largo del libro y este capítulo no es la excepción porque el reclutador hace entrevistas por competencias para conseguir ejemplos de conductas que el profesionista tenga en su vida laboral y personal, y que hayan impactado en su desempeño.

Ejemplo: si estás aplicando a un puesto intermedio, como una coordinación o jefatura, el empleador querrá valorar características, como iniciativa, dinamismo, *empowerment* (empoderamiento), adaptabilidad, franqueza.

Las preguntas que pueden soltarte varían según lo que quieran evaluar. Mira estos ejemplos:

Si le interesa medir tu reacción ante problemas en el puesto, o la capacidad para hacer mejoras en el área, realizará preguntas como:

1. ¿Cuál ha sido el momento más estresante en tu carrera, cómo lo manejaste?

2. ¿Cuál es la tarea más aburrida qué has hecho, cómo la desarrollaste?

3. ¿En tu último trabajo, cuáles fueron los logros más importantes?

4. ¿Qué proyectos o ideas fueron vendidos y se realizaron gracias a ti?

5. ¿Cuéntame sobre alguna situación en que hayas propuesto una mejora para el área dónde laboraste?, ¿cuáles fueron los resultados?

Si la idea es evaluar dinamismo, se irá con temas que reflejen tu capacidad para trabajar en situaciones cambiantes y en jornadas de más de ocho horas:

1. ¿Cuáles son las actividades que te representan más esfuerzo?, ¿cómo las enfrentas?, ¿qué tipo de resultados consigues?, ¿en cuánto tiempo?

2. Si tuvieras que manejar tus horarios de una forma distinta, para viajar, capacitar a otros, ¿cómo te organizarías?

3. ¿Cuántas tareas puedes y te gusta realizar a la vez?

Ahora, si el propósito es valorar *empowerment*, orientado a tu destreza para establecer objetivos de desempeño y responsabilidades, se hacen preguntas tipo:

1. Cuéntame de una situación en la que incorporaste algún colaborador al equipo, ¿qué tomaste en cuenta para incluirlo?, ¿por cuánto tiempo estuvo en ese grupo?

2. ¿Cuál es el nivel de decisión que tiene tu gente?, ¿qué es lo que delegas?

3. ¿Cómo reaccionas cuando, en tu ausencia, otra persona del equipo toma decisiones más allá de sus atribuciones?

Otra característica a la que están atentas las empresas es el nivel de adaptabilidad para modificar tu conducta. Entre las preguntas para evaluar esta característica destacan:

1. ¿Qué haces cuando debes cumplir una tarea que no corresponde a tus objetivos?

2. ¿Cómo reaccionas cuando te asignan más trabajo?

3. ¿Estarías dispuesto a cambiar de país o ciudad si tu puesto así lo requiere?

Para responder a estas preguntas y a las más clásicas hay que pensar en ejemplos, anécdotas e, incluso, encontrar el tono exacto para contar tu experiencia. Antes de acudir a la entrevista, ensaya con otra persona cómo responderías, así detectas qué información te falta, qué te causa nerviosismo y dónde poner énfasis.

¿Cuál es tu superhéroe favorito?

En el tiempo que he escrito sobre contratación me he encontrado cada historia que te hace pensar cuán diversos son los elementos a los cuales presta atención la empresa para incorporar a un empleado. Eso me lleva a otra sugerencia, en términos de entrevista laboral: nunca hay que bajar la guardia, debes estar al pendiente de lo inesperado; de una pregunta que rompa con lo bien que fluía la plática.

Un amigo me compartió que en uno de sus empleos, el reclutador le preguntó "¿qué música estás escuchando actualmente?", "¿venías oyendo algo especial camino a la entrevista?" Mi amigo X guardó silencio unos minutos, quería tratar de entender ¿qué relación guardaba esa pregunta con la vacante?, además, ¿cuál respuesta lo ayudaría a quedar bien?, ¿debía mentir sobre su gusto para no sonar *old fashion*?

El objetivo de las preguntas poco comunes es encontrar los datos que, por supuesto, no saltan a primera vista en el currículo, o en el desarrollo de la entrevista. Por ejemplo: actitud emocional del candidato ante un problema, respuesta ante el cambio, tipo de pensamiento, etcétera. Algunos empleadores agotan cuanto recurso tienen a su alcance para asegurar que el candidato es la mejor opción.

La entrevista suele tener una secuencia, la persona inicia con preguntas que permitan al candidato entrar en confianza y hablar de sí. Después se piden datos para demostrar por qué es una alternativa para el puesto. Finalmente, el empleador habla de la empresa y, ahí, puede irse con preguntas cuyo fin sea conocer más sobre el perfil personal y emocional del candidato.

No todas las empresas usan preguntas raras, pero basta con saber que una la puede hacer para alistarse en el tema y que no te tomen en curva.

Hay quienes plantean escenarios ficticios sobre la empresa para ver tu habilidad para estructurar una respuesta. Otros empleadores recurren a *brain teasers,* es decir, preguntas absurdas que revelan la habilidad para actuar fuera de la zona de confort.

Pensemos que el puesto es para un nivel medio en la empresa, donde la persona tendrá a su cargo a más gente y necesita asumir otras responsabilidades; un *brain teaser* puede arrojar información interesante.

American Express, en Estados Unidos, hace preguntas como: ¿qué sería más útil para calcular el número de personas que trabajan en un edificio de 30 pisos?

a) Número de coches en el estacionamiento.

b) Número de personas que comen en la cafetería.

c) Número de personas en el piso 11.

Esta fue una pregunta que American Express aplicó en 2013 a candidatos para el cargo de Gerente de Análisis Estratégico.

De este estilo, hay otras igual de raritas, como: "¿con qué superhéroe te identificas?" y "¿qué lugar quisieras ser en esta empresa el uno o el 15?" Entre las empresas que sobresalen por su peculiar forma de entrevistar están Apple, Unisys, Procter & Gamble, General Mills y la consultora McKinsey.

En Apple las preguntas generalmente empiezan con la frase: "Háblame de un momento en el que te enfrentaste a un reto difícil." Ojo: al empleador le gusta escuchar a un narrador, no a un candidato robot, mencionó uno de los encuestados que fue entrevistado por la empresa de la manzana en California.

La creadora del iPhone también recurre a preguntas técnicas, según el puesto, por ejemplo, detallar las configuraciones de alguna versión de Mac, o pedir la diferencia entre una MacBook y otros equipos.

¿Eres lo bastante inteligente para trabajar en Google? El autor William Poundstone colocó algunas de las preguntas que la firma aplica en sus entrevistas de trabajo, tipo: "*¿Cómo compararías dos motores de búsqueda en Internet? (para analizar el pensamiento divergente); explica en tres frases ¿qué es una base de datos?*

Estas son cinco preguntas capciosas que se aplican en procesos de entrevista en México:

1. ¿Con qué animal te identificas y por qué? Puede ser el complemento de una prueba de evaluación donde se pide a la persona dibujar al animal; la finalidad es evaluar comportamientos. Se analiza la psique humana, es decir, reacciones de la persona, deseos y fobias.

No es lo mismo decir que te gustaría ser un águila a una jirafa, cada uno tiene una cualidad diferente y el entrevistador le resultará interesante saber por qué te es tan representativo ese animal.

2. ¿Cuál fue el último libro que leíste? Arroja información sobre el deseo de preparación continua o hasta cierto nivel de madurez, según un reclutador al que entrevisté. Piensa antes de contestar que tus favoritas son las historias de vampiros.

3. ¿Para ti quién es el mejor superhéroe? Aquí se buscan patrones, con qué tipo de identidad y cualidades te identificas. ¿Te laten los superhéroes que están en una ciudad ficticia, o los que se muestran en una ciudad cosmopolita, o hacen inventos?

4. ¿Qué harías con una piedra? Ta tán… éste es un indicador para medir situación emocional y capacidad de acción. No es lo mismo decir, la recojo y la guardo, que la aventaría a otro sitio, esto último refiere la forma de reaccionar ante la presión.

5. ¿Si tuvieras que elegir entre ocupar el lugar número uno o el 20 como empleado, que querrías? Quien te entrevista, se dio a la tarea de evaluar qué peso le das a lo que otros opinen de ti.

Confesiones de un reclutador

"Tú, tú y solamente tú"… Hasta el momento hemos hablado de lo que debes hacer para caer en gracia de estos seres dotados, los empleadores, que dirán si continúa o no el proceso de reclutamiento.

Ellos (as) no son perfectos, y la muestra es que hay quienes se sientan, sin saber mucho de tu CV (a veces porque ni siquiera la descripción del puesto que tienen concuerda con lo que quiere el jefe) y se dedica a hacer preguntas típicas.

Ponerse en esa actitud aumenta sólo 2% la posibilidad de tener a la persona adecuada para el puesto y, aunque pareciera que con tantas vacantes por cubrir, recursos humanos está enterado al 100% de cómo conseguir al mejor talento; la verdad, llegan a equivocarse.

De acuerdo con una entrevista del sitio *Hiringsite*, entre más de 3000 entrevistadores, el 36% de los participantes reconoció que los errores de reclutamiento se deben a que llenaron la vacante rápidamente; un 20% lo atribuyó a falta de precisión respecto al perfil y 9% dijo no tener entrenamiento para realizar apropiadamente su labor.

Así que, a estas alturas del libro, se puede decir que si bien el reclutador tiene el poder para filtrar candidatos, tampoco son vacas sagradas, claro, eso no puedes ¡gritarlo! Pero, si haces un buen ejercicio de observación en la entrevista, tienes la capacidad de detectar algún elemento del empleador que puedas poner a tu favor.

Échale un ojo a estas ideas:

1. El reclutador que hace como que sabe

Uno cree que al llegar a este encuentro se topará con un chico (a) que entiende bien el perfil del puesto, leyó tu CV y tiene una artillería de preguntas para asegurar si tú eres una opción interesante para seguir en el proceso.

La verdad, a quien tienes enfrente es de carne y hueso, con puntos débiles, cientos de pendientes por cumplir, además de leer una pila de currículos. Tal vez está más estresado que tú y no tiene la menor idea de si serás óptimo para el puesto.

Si se clava en que le platiques de ti, no hace intervenciones para guiar la entrevista a los intereses del puesto y la empresa, o realiza cuestionamientos más capciosos, ¡adiós!, es señal inequívoca de que no tiene gran idea de ti.

Simplifica su vida y pon la balanza a tu favor, haz un resumen rápido y atractivo de tu experiencia, y guía la entrevista a las fortalezas que te hacen el mejor para el puesto. Con ejemplos precisos y una adecuada comunicación puedes ir tomando la batuta de la charla.

2. Sus ojos dicen "si no estudiaste en tal lugar, llégale"

Aquí hemos hablado de lo importante que es mostrar resultados sobre anteriores empleos o actividades extra-curriculares, pero, y si te toca un reclutador que se dedica a encasillarte por dónde estudiaste, dónde quisieras hacer una maestría, por qué quieres ganar X. En serio, sí hay empleadores para los que el diploma es su *best of the world* (lo mejor del mundo).

Recomendación. ¡No te sulfures! Quizá en ese momento no sabes si habrá otras fuentes de información (que no sea enfocarse en estereotipos) pero, por el momento, sólo tienes minutos para encarar el encuentro y hacer tu venta con seguridad.

Respira y selecciona los mejores ejemplos que tengas para demostrar tus conocimientos y tus anhelos hacía el área y puesto al que aplicas. Si no llevas números a la mano, piensa en un dato más cualitativo, o anecdótico, pero luce contundente al plantearlo, que tus alcances no se pongan en duda.

3. Como el reclutador no habla, yo seré merolico

¿Eres el tipo de candidato que a la primera pregunta toma el micrófono y ya no deja hablar? No te apures, me es familiar ese perfil. El reclutador no lo dirá… pero tampoco mirará con buenos ojos que te lleves todo el *show*.

Esto se relaciona con el mito: "mientras más hablo mejor". Esa táctica no siempre da buenos resultados. Es más, hay empleadores que sólo buscan que les hables del último puesto, y ellos orquestan la entrevista.

Sugerencia. Evita que el reclutador se pierda en tu discurso continuo, sin pausas, sin que él o ella puedan intervenir y en el cual —además— te dediques a decir sí a todo. Si existe una duda del puesto, preguntas sobre cómo será tu crecimiento en esa organización, o algo en lo que no estás de acuerdo, como cambiar de residencia, exprésalo. Es más, en algún punto de la entrevista, deberás dar lugar a ese intercambio de pregunta-respuesta con el reclutador.

Tip: sé contundente, no redundante.

4. Si el reclutador dice sí... interrumpe con un no

Bueno, sólo si es necesario, te cuento a qué me refiero. Algunas veces, el reclutador se suelta hablando de las maravillas de ese lugar, de cómo aprenderás aunque debas estar 12 horas, o el encanto que tiene viajar durante tres semanas, cada mes. ¡Por supuesto!, su misión es vender la empresa como marca, la pregunta es ¿tienes la capacidad y la disposición para cumplir con las exigencias de ese puesto?

Esto es un punto contradictorio, porque estamos hablando de conseguir un trabajo, pero, de manera honesta te lo digo, evita dos cosas: sobrevenderte y callar tus dudas por temor a ser descartado. Si mantienes ese patrón hasta ser contratado, podrías sufrir la necesidad de querer renunciar a la semana, al concientizar que no estabas preparado o con anhelo real de desempeñar cierta actividad.

¡Ah!, y cuando escuches la frase "¿tienes alguna pregunta?", no caigas en el 90% de los candidatos que contestan: "ninguna", "no por el momento". Entonces ¿cuándo será el momento para decir "me interesa estar contigo?" Tienes que cerrar el encuentro con "bombos y platillos". No se trata de repetir lo que dijo el empleador, o salir con la clásica "tienes idea de cómo están las prestaciones". Eso viene después, concéntrate en cuestionar algo que reconfirme tu ambición por el puesto.

Las preguntas finales pueden dirigirse a cómo será tu vida en esa organización, ejemplo:

¿Cuáles son las primeras metas en que debo concentrarme?

¿Qué retos inmediatos implica este puesto?

¿Cuáles son las políticas de desarrollo para sus colaboradores?

Ahora fíjate qué características buscan las empresas en un colaborador, además de conocimientos y experiencia.

País	Operativos	Administrativos	Mandos medios
República Dominicana	Honestidad Respeto Disposición	Enfoque al cliente Planeación y Organización Pensamiento innovador y flexible	Orientación a resultados Razonamiento lógico Interacción social
El Salvador	Honestidad Respeto Trabajo en equipo	Disposición Respeto Capacidad crítica	Capacidad crítica Respeto Pensamiento innovador y flexible
Guatemala	Honestidad Respeto Comunicación	Capacidad crítica Comunicación Planeación y organización	Capacidad crítica Manejo de estrés Empuje
Honduras	Honestidad Disposición Respeto	Pensamiento innovador y flexible Disposición Capacidad crítica	Pensamiento innovador y flexible Disposición Capacidad crítica

México	Honestidad	Planeación y organización	Capacidad crítica
	Respeto	Orientación a resultados	Trabajo en equipo
	Trabajo en equipo	Trabajo en equipo	Disposición
Nicaragua	Honestidad	Disposición	Honestidad
	Respeto	Honestidad	Pensamiento innovador y flexible
	Disposición	Trabajo en equipo	Planeación y organización

Fuente: Manpower, encuesta Motores de Empleabilidad en Jóvenes.

Punto final. No hemos hablado de ellas, pero son importantes: las referencias personales. El empleador que llama a tu anterior trabajo, no lo hace por ocio, quiere garantizar que su intuición cuenta con ciertas bases sobre ti. La verdad, no todos los reclutadores son exhaustivos en este tema, pero ello no quiere decir obviarlo. La referencia sirve para validar información sobre tu desempeño, confiabilidad, motivos de salida, y como el reto es que el ex jefe o los de recursos humanos se toman el tiempo de recomendarte, más vale no cerrarte las puertas con gente clave de tu ex trabajo.

CAPÍTULO 7

Ser o no ser
un stalker

A estas alturas del libro:

-¿Ya pensaste dónde te gustaría trabajar y por qué? ¿Definiste tus puntos fuertes, defectos, eres el rey o la reina de las redes de contacto, sabes hacer que tu CV grite "¡aquí estoy!" y hasta acabaste con algunas momias del proceso de entrevista?

Pero…. ¿Qué pasa después de tu encuentro con el empleador?

Con justa razón, una de las quejas más frecuentes entre los candidatos es no recibir —deja tú una llamada—

un mail, a través del cual se agradece haber aplicado a la vacante.

La realidad es que, y temo romper el encanto, muy pocas empresas (desafortunadamente) destacan por responsables, en el sentido de avisar a un candidato que no continuará en el proceso de contratación. Muchas veces, esa falta de atención se reduce a tiempo, un cazador de talentos, el *headhunter*, necesita estar cubriendo varias vacantes al mes, así que donde menos invierte es en enviar un correo para agradecer a los candidatos su participación.

Ahora bien, el escenario puede ser el contrario, según el puesto y/o la empresa, el proceso de contratar puede llevarse semanas. Mientras más grande la organización, más lento el proceso de incorporar un nuevo elemento. Eso lo sabe recursos humanos… y tú, muriendo de la angustia por saber si continúas o te dirán "gracias por cooperar".

Para poner fin a ese sufrimiento, da el primer paso, aplícate para confirmar tu interés por la vacante tras la entrevista. Deja de esperar el escenario ideal: que el empleador te llamará para dar un *status*.

La primera regla es: al término de la entrevista, envía un correo para agradecer la oportunidad que te ofrecen por participar en este proceso, reitera tu deseo de formar parte de ese grupo y anexa tus datos personales.

Nueve de cada 10 representantes de recursos humanos reconocen que una nota de agradecimiento tras la primera entrevista genera una buena imagen del candidato.

Respecto a tiempo: tres semanas es un periodo recomendable para esperar noticias, si tras ese periodo no hay noticias, envía otro correo con el fin de reiterar tu interés por el puesto y no temas preguntar acerca de cómo va el proceso.

No pienses que por enviar un correo quedarás fuera. Si eres una persona que despertó su interés, no tendrán problema en contestar una línea, al menos. Algunas firmas de atracción de talento sugieren enviar un mensaje de seguimiento al empleador, a través de cuentas como LinkedIn, y aprovechar para compartir alguna muestra de empleo.

El problema, desde mi perspectiva, es que el candidato caiga en el error de lucir como un *stalker*, enviando continuamente mensajes a través de las redes. Esto me conduce a otro comentario; para conservar tu buena imagen, evita caer en perfiles que enloquezcan al empleador, ejemplo:

1. El desesperado. Una contratación pasa por diversas etapas, desde hacer entrevista, pruebas de conocimientos, evaluaciones psicométricas, hasta *Assessment* grupales, etcétera.

Regla. En cada extra que te pidan hay que mostrar paciencia y entregar lo requerido rápido. Aunque cuando estés desesperado, lo peor que puedes hacer es bajar tu nivel de entrega en el proceso posterior a la entrevista. He visto muchos casos en que al candidato se le pide enviar una propuesta de cómo trabajaría cierto punto; y tarda en su envío o argumenta que pueden "robar su idea". No seas paranoico (a), lejos de revelar tus conocimientos clave, se trata de mostrar qué contribución harás.

Otros ejemplos: hay quienes se sienten ya contratados y son impuntuales en una segunda entrevista, o incongruentes con lo que dijeron en el primer encuentro.

2. El improvisado. Una primera entrevista es para tomar un *flash* de lo que es el candidato. Las segundas o terceras sesiones pueden ser para:

- Valorar su reacción concreta ante cierto panorama vinculado al puesto.

- Conocer a quién será su jefe.

- Hacer una presentación.

Ubica qué argumentos o información debes destacar para cada caso y mantente al 100% en conservar tu imagen de candidato idóneo. Una falla es centrarse en repetir qué has hecho en otros empleos. Eso ya pasó, ahora hay que buscar acciones para reconfirmar que encajas en el puesto.

3. El soberbio. Al término del primer encuentro cara a cara con el reclutador, lo natural es esforzarse por dejar un buen sabor respecto a la actitud para conseguir este puesto. Entonces, ¿para qué cotizarse y arruinar la buena impresión que dejaste en un primer momento?

Hay candidatos a los que se debe buscar por cielo, mar y tierra para citarlos a una segunda reunión. Es imposible localizarlos en su número fijo y se reportan (si bien lo hacen) dos días después de la llamada del empleador. ¿Qué mensajes crees que se envía con esto?

Recuerdo el caso de una candidata que tuvo un gran desempeño en la primera charla, demostró por qué soñaba con ocupar la vacante. Días después la busqué para convocarla a otra reunión y hacer una prueba de conocimientos generales. Tres horas antes del encuentro la llamé para verla, y diez minutos después de la cita me llamó: "Uy, perdón, se me fue el tiempo y no pude avisarte que no podré ir, tengo un problema, ¿puede ser otro día?"

"Bueno —pensé— ¿en qué quedamos, te interesa o no el trabajo?" En cuestión de trabajo no se vale aplicar la misma actitud que una cita de pareja: "hacerte del rogar".

Las tácticas para captar la atención del empleador no pueden llegar al grado de hostigar. Según una encuesta elaborada por CareerBuilder, los candidatos pueden caer en prácticas que los descarten del puesto, algunas rayan en el *stalker* de miedo:

- Esperar afuera del edificio o en recepción a que salga el encargado de recursos humanos para entregar el currículo.

- Llegar a la empresa sin cita y hacerse pasar por un conocido para ser atendido.

- Conseguir la página de Facebook o la cuenta de LinkedIn para enviar mensajes personales e incluir el currículo.

El caso más loco fue de un candidato que envío su CV envuelto como regalo, y en la tarjeta puso que su experiencia y habilidades eran un regalo para la compañía.

Uno pudiera pensar que eso no pasa, y quizá no tengas un caso cercano de quien te haya referido tal actitud, pero lo cierto es que hay candidatos que agotan la paciencia del empleador con acciones, como hablar varias veces el mismo día, o mandar *mails* asegurando que, quizá, sus mensajes anteriores no fueron recibidos.

> **Punto final.** Como candidato hay que conocer la dinámica de la organización, eso incluye la forma y los tiempos de contratación. Enviar un mail de cortesía está bien, agotar la paciencia de recursos humanos es un error que puede descartarte.

CAPÍTULO 8

¡Aguas con tu face, tu Twitter... LinkedIn!

Para muchos candidatos, la relación entre Internet y empleo no se mira como un matrimonio consumado, si acaso un intercambio tibio de miradas.

Hay quienes coquetean de manera temerosa o, mejor dicho, poco asertiva con este medio. En otro extremo están los *#amointernet*, aquellos que cuentan con una reputación profesional en línea y saben ponerla a favor de su plan para contratarse. Sin importar en qué lado de la balanza estés, en este capítulo te llevarás un ABC de cómo entrarle a la búsqueda virtual y sacar el *geek* que llevas dentro.

¿Quién es quién para reclutar?

De que Internet hace ruido respecto a buscar empleo, no está en duda, pero eso no implica que todas las herramientas en línea, afines a ese objetivo, den el mismo resultado. Veámoslo en números.

Por un lado, la Asociación Mexicana de Internet (AMIPCI) señala que un 63% de los 45 millones de usuarios de Internet en México están en busca de un nuevo empleo, con miras a mejorar sus ingresos salariales, que oscilan entre 5 000 y 20 000 pesos.

Según datos de esta organización, los internautas más *pro* para buscar una oferta por esta vía son los del Distrito Federal, Estado de México, Nuevo León, Jalisco, Querétaro, Veracruz, Puebla y Guanajuato.

Ahora bien, 58% de los mexicanos asegura que, al menos, uno de sus empleos lo encontró en la web, mientras 17% llegó a la vacante por anuncios clasificados y 15% por recomendaciones.

Si bien, la tecnología todavía no es un sustituto de entrevistas personales, entrarle al asunto digital no estorba en la búsqueda de trabajo. Si los conocidos cuentan como una fuente poderosa para reclutar, ¿por qué no ampliar tus contactos en la red y crearte una reputación en línea?

Si las bolsas de trabajo son una fuente para *postear* vacantes… ¿qué esperas para navegar por ellas y hacer un estudio de los puestos publicados?, ¿cuánto $$$ ofertan?, ¿quién da mejores *tips*? y ¿qué opinan empleados y ex colaboradores de laborar en ciertas empresas?

Menos supuestos y más acción, pero antes de pasar a reglas para crear tu *net reputation,* checa este *tip*:

En sitios como *RealRef*, puedes ver comentarios de empleados de compañías en Latinoamérica, quienes califican su lugar de trabajo. Hablan sobre políticas de ascenso, innovación, beneficios, flexibilidad laboral, igualdad de oportunidades, salarios, reconocimiento y más chismes.

ABC de la *net reputation*

¿LinkedIn, *Viadeo*, *Xing*? No importa cuál sea el nombre y apellido de la red, el chiste es que hagas un tiempo en tu agitada vida en *Face*, *Twitter*, *Pinterest*, *Google+* para crear una reputación profesional. Si eres de los que se dedica a postear sobre imágenes del atardecer, el tráfico y la selección de cafés favorita, bájale tantito y mejor ocupa parte de ese tiempo para redactar un *post* que refleje una opinión informada sobre la industria y actividad profesional donde te desempeñas.

Eres mercadólogo, por qué no sugerir una campaña ganadora; periodista, un artículo de fondo sobre cierto tema. Te puedes poner tan creativo como quieras, añadiendo ligas, videos, foros de interés.

El corazón de la reputación profesional en línea es que otros aprendan a ubicarte por tu *expertise*. Que seas un ser virtual al cual recomendar para un proyecto, por la calidad de lo que compartes, la proactividad para seleccionar y ampliar la red de contactos y hacer que éstos mantengan el interés en tu información.

Además de alcanzar cierto reconocimiento, no debes perder de vista que tu paseo por la red tiene una meta: generar *networking* virtual o, en términos cristianos, ampliar el número de contactos potenciales. En otro capítulo hablamos de cómo generar esa actividad en eventos presenciales, ahora toca el turno a lo virtual.

Si las compañías se quieren colgar milagritos en la red, ¿qué esperas para hacer lo tuyo? Por lo pronto, parece que los brasileños no sólo se llevaron la sede de la Copa Mundial de Futbol 2014, también son más activos que los mexicanos para establecer relaciones profesionales y actualizar su perfil. Los de tierra azteca recurrimos a las redes, en mayor medida, para buscar información y opciones de entretenimiento, según un estudio del Centro de Opinión de la Universidad del Valle de México.

Facebook, YouTube y Twitter son las populares entre los mexicanos, pero en Brasil también hubo varias menciones sobre LinkedIn, Flickr y Tumblr.

¿Qué esperas para dar *click* a tu siguiente acercamiento laboral? Aquí te dejo un *check list* de diez puntos para hacerte visible ante tus contactos y los pocos o muchos empleadores que utilicen las redes:

1. Eres picudo (a), *¡demuéstralo!* Ya te aventaste un *choro* sobre qué son competencias y cuáles se valoran, estimo que estás listo para proyectar quién eres en el aspecto laboral en una red social profesional, como LinkedIn. Más en corto: piensa ¿por qué eres reconocido en tu trabajo y hasta en tu sector?, y a partir de ello empieza a crear tu reputación en línea.

2. El que suma triunfa. Este punto podría llamarlo "aplícate como hormiguita". Tu misión es crecer el número de contactos que conozcan tus actividades. Al igual que lo he comentado en otros capítulos: ¡Mide… MIDE! Pon metas en cuestión de números, por ejemplo, diez contactos a la semana y cada mes deberás ir incrementando esa cantidad.

Si no eres ducho en crecer tu red, pídele a un cuate que sea tu *country manager* para reforzar tu presencia virtual (hazle como quieras, pero deben verte).

3. Deja de ver House of Cards y hazte el hábito de ser activo en este medio, o en cualquier otro recurso digital que utilices.

Cuando escribía este capítulo recibí este *tweet*: "Para estudiar y trabajar éstos son los mejores países" (@UniversiaMex).

El *tweet* me interesó al momento, ése es el tipo de efecto que debe generar tu presencia en la red.

Busca participar en grupos, identificar colegas, intercambiar información, retroalimentar, no se sabe de dónde puede llegar información útil en tu contratación y a quién puedes beneficiar. Échale ganitas para ser más que visible en este medio.

4. Hazte el interesante. O por lo menos disimula, crea una rutina para compartir datos con tus contactos y que otros virtuales comiencen a identificarte con determinadas capacidades y experiencia. Debes aspirar al trono en el ámbito de tu interés.

¿Qué difundir? Logros, investigaciones sobre la industria en la que estás, el comentario de un líder en ese sector, alguna vacante de interés para otros.

5. ¡No seas flojito! Me queda claro, si has llegado a este capítulo, es porque contratarte es tu prioridad, bueno, que ese empuje: se vea en línea.

Ejemplo: una ventaja de las bolsas de empleo en la web es su formato establecido para subir la información, según criterios que sean prácticos para las empresas. Pero qué pasa, que a veces el candidato, así como pide el CV prestado a un amigo o la novia (o), sube sus datos a las bolsas de trabajo muy a la mexicana, es decir, sin respetar el esquema.

Es casi hasta de rutina, los sitios te van indicando en qué porcentaje cumples con el llenado de los datos, aho-

ra sólo falta que aplique el criterio de selectividad y redactar adecuadamente la información. Ya que entramos
en este terreno, en las bolsas encontrarás el desafío de
ser breve, exprime tu capacidad de síntesis. Agrupa la información que subirás en tres categorías:

- Lo que sabes y puedes: conocimientos y experiencia.

- Lo que quieres. Intereses fundamentados.

- Qué consigues. Escribe cómo tus habilidades puestas
  en práctica generan X resultado.

Si la página de la bolsa en línea es un todo en uno, es
decir, está ligada a redes sociales, pues dale duro a tu
proactividad, porque podrás acceder a las vacantes desde donde quieras y cuando quieras. Además, las bolsas
tienen diversas herramientas para enviar vacantes que
hagan el mejor *fit* (ajuste) con tu perfil, utilízalas. Hazte una lista de qué distingue a cada una y aprovéchalas.

Invierte tiempo en mirar ofertas, ver cómo se cotizan
los puestos, anota qué palabras utiliza la empresa para
describir la vacante y mira cómo aplicarlas al CV. No todas publicarán ofertas relacionadas a tu profesión, pero
es una manera de monitorear el mercado; tener un marco
de referencia, que complementes con otra información.

6. Trabajo en 140 caracteres. Quejarte de los ba-
ches en tu cuadra no es lo único para lo que sirve Twitter.
Esta red también puede ayudarte a echar un vistazo sobre ofertas laborales, principalmente si te interesan otros
mercados.

Un ejemplo en twitjobsearch (www.twitjobsearch.
com), donde se publican ofertas laborales, de acuerdo
con diferentes criterios de búsqueda, como: localidad,
puesto y empresa. La consigna en este sitio es identificar
etiquetas relacionadas con las categorías de búsqueda
de empleo.

7. Un CV súper pro. Internet también da la opción de complementar el currículo con otras herramientas, que den al empleador una imagen de lo que has logrado en tu trayectoria. Por ejemplo:

- Vínculos a redes sociales (*FB, Twitter, LinkedIn*).

- Video currículo. Ponte guapo (a) y prepara un video corto donde destaques tu cualidades e intereses. Existen, en la red, diversos sitios donde descargar modelos o plantillas para preparar el CV en esta modalidad.

- Visualize.me. Herramienta para presentar el currículo mediante gráficas que resaltan experiencia, habilidades e intereses.

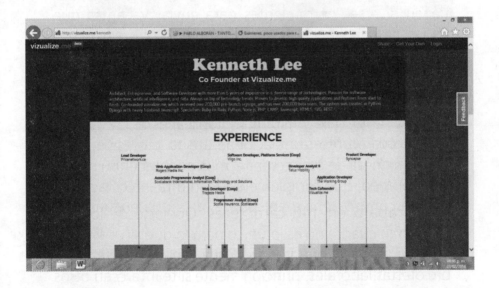

- VisualCV.com. Permite añadir un portafolio con muestras de tu trabajo/ video currículo y compartirlo en redes sociales.

- Re.vu. Transforma la información de tu CV en atractivos gráficos. Hasta Obama está en esta página.

Siempre hay algo que, por insignificante que parezca, puedes hacer para mejorar la búsqueda de trabajo en la red. Los representantes de recursos humanos están indagando en el tema, un 12% —por ejemplo— utiliza este medio para posicionar a la empresa que representan como buena empleadora, dice una encuesta de ZonaJobs.

En una consultora como KPMG, poco más del 15% de las contrataciones derivan de su interacción en Facebook, Twitter y LinkedIn, según datos de la empresa.

Muchas empresas ya se pusieron las pilas para estrechar la comunicación con sus seguidores a través de las redes y aunque no te contrate por esa vía, es un canal para conocer mejor a tu cliente.

Recuerda que así como pones dedicación al método tradicional para encontrar un empleo (buscar prospectos, enviar CV, enviar muestras de trabajo, dar seguimiento), necesitas aplicarte en la red hasta que tu marca transmita dos conceptos: autenticidad + credibilidad.

De *apps* y más cositas para el empleo

Los días en los que buscar trabajo se limitaba a revisar los medios impresos terminaron. Hoy, cinco de cada diez candidatos recurren a su celular para consultar opciones de empleo, según un análisis de Our Mobile Planet México.

Si le entras al reclutamiento en línea, puedes recibir notificaciones en tiempo real, elegir las que se ajusten a tu perfil, preparar videocurrículos, entre otras actividades.

Las herramientas móviles tienen ventajas como compartir las vacantes con otros contactos a través de correo o redes sociales, formar una comunidad de colegas con intereses en común y actualizar el currículo en cualquier momento.

Checa estas recomendaciones en el mercado:

- Sitio www.empleatupasion.com de ZonaJobs. ¿Te gusta jugar a las maquinitas? Pues en este sitio encontrarás una virtual, donde puedes buscar opciones de trabajo vinculadas a tu industria y lugar de residencia. Además de ofertas laborales, hechas a la medida, hay una aplicación muy lúdica por Twitter.

- App para el currículo. IQubadora creó la aplicación móvil IQubadoraCV, que permite registrarse en su banco de talento, personalizar los datos e imagen del candidato, consultar y postular a vacantes, así como compartir el currículo en PDF, por correo electrónico y redes sociales.

- Ofertas por mensaje. Empleo Listo ofrece un servicio que permite a los candidatos registrarse en una base de datos, llenar un perfil laboral y recibir por mensaje en el celular, ofertas acordes a sus intereses. No requiere de un dispositivo inteligente. La oferta llega por un SMS. Una vez que el candidato acepta la vacante, se envían sus datos a la empresa para que ésta lo contacte directamente.

- OCCMundial. Tiene una aplicación para IOS y Android, que facilita la búsqueda de vacantes de empleo, aplicar a las ofertas y obtener notificaciones de puestos vinculados a tu perfil.

Esto es una probadita, lo mero bueno viene cuando le agarras la onda a estrechar tus lazos virtuales con otros candidatos, intercambias información, recibes notificaciones de tu búsqueda y un sinfín de actividades que pueden acercarte a una oferta con el poder del *send*.

Punto final. Generar tu marca en línea implica ser cuidadoso de tu reputación. Cuidado con lo que comentas, no hagas afirmaciones que puedan poner en entredicho lo que eres, desde la perspectiva profesional. Recuerda que la clave es ganar credibilidad. Si tienes 10 cuentas con nombre diferente (una para el amigo, otra para el trabajo, una más para el ex, ¡a recortar! Con una cuenta profesional por cada red es suficiente.

CAPÍTULO 9

¿De veritas, de veritas existe un buen empleo?

¿Cómo te sientes en este momento respecto a la búsqueda laboral? Me encantaría pensar que se cayeron mitos, que te llevas consejos prácticos para orientar o reorientar tu preparación como candidato y que eres el más popular en tu red de contactos.

Te propongo parar un minuto y hacer un ejercicio de qué tenías antes de este recorrido y qué has incorporado de nuevo:

El viejo yo laboral	El nuevo yo laboral
Enfocado en lo general	Sé hablar de resultados
Con un CV de cuatro páginas	Mi CV es digno de un premio
Sin saber qué quiere de mí el empleador	Sé vender competencias
Sin saber qué trabajo quiero	Busco según un plan definido

Si algunos puntos no te quedan claros, si ya confundiste la competencia con la magnesia, y no está claro cómo presentar unas oraciones vendedoras, date a la tarea de releerlos. ¡De veritas, de veritas! Encontrar un trabajo, como hallar una pareja, es cosa de práctica y práctica; seguir un plan; preguntar e informarte con constancia. Hay millones de desempleados, cierto, pero no te espantes, ¡aplícate! Tienes la capacidad de sobresalir.

Y así como el reto es destacar —y cañón—, también hay sectores que están despuntando por sus contrataciones. Con eso arranco este capítulo: ¿quién está contratando?

Primero, en México hay cinco carreras que concentran el 66% de toda la matrícula universitaria y dos de cada tres jóvenes estudian alguna de ellas. Son Derecho, Contaduría, Computación y sistemas, Administración y Educación. ¿Pero son éstas en las que se registra mayores posibilidades de empleo, o la remuneración es más atractiva (no es el único, claro, pero este factor X pesará)?

Según datos del Observatorio Laboral en México éstas son las carreras con mayor ingreso:

Carreras con mayor ingreso	$ (mensuales)
1. Servicios de transporte	$ 29,866
2. Minería y extracción	$ 18,257
3. Ciencias de la tierra y de la atmósfera	$ 18,242
4. Finanzas, banca y seguros	$ 15,923
5. Filosofía y ética	$ 15,198
6. Ingeniería de vehículos de motor, barcos y aeronaves	$ 14,253
7. Medicina	$ 13,366
8. Física	$ 13,171
9. Economía	$ 12,763
10. Ingeniería mecánica y metalurgia	$ 12,646

Podrías pensar "¿cómo, ahí está lo mejor remunerado?" ¡Nooo!, estas cifras ni por mucho son representativas de todo el mercado laboral en México. La información no precisa rangos salariales que pueden alcanzarse por nivel dentro de la organización, con especialización y según el sector, pero es un datito de cultura general, sirve para ver qué industrias podrían pagar mejor una contratación. Ojo "no darle a gratis", la especialización pesa y en unos párrafos hablaré de ello.

De acuerdo con estudios sobre mercado laboral en México, existen algunos sectores que, por el momento, son más activos en apertura de vacantes, incluso, con un nivel de remuneración más que *sexy* o atractiva. Es el caso de tecnologías de la información, finanzas, contabilidad, auditoría, logística y transporte, salud, energía, comercio y ciencias de la salud.

¿Qué se observa en las bolsas de empleo? Una importante demanda de ingenieros, médicos especialistas, vendedores, responsables comerciales y de *marketing*, programadores, así como financieros orientados a temas fiscales y banca. ¡No te me deprimas! Los trabajos no sólo están ahí, todavía hay cancha para abogados, comunicadores, psicólogos, administradores, diseñadores, educadores y otros que brillan por ser las profesiones más saturadas en México.

Esos perfiles se necesitan todo el tiempo. Pero eso sí, cuando formas parte de los saturados, el reto en cuanto a colocación es mayor, porque la demanda de candidatos supera, y por mucho, la oferta de puestos. ¿Una solución? Especializar tus conocimientos, dominar otro idioma y no andarte con medias tintas, te diría que no hay de otra. Mientras tu perfil se vuelva más escaso en el mercado, más se pelearán por ti: "la aguja en un pajar", eso es lo que debes ser.

Si te pones intenso con un plan de búsqueda estructurado, trabajas por mejorar tus competencias y te aplicas en quienes te conozcan (C O N T A C T O S), te aseguro que llegará quien no se resista a tus encantos, y si las ofertas están escasas en la vida corporativa, siempre hay la opción de ser profesionista independiente.

Plan a. ¿Le entro al *freelanceo*?

Esto es como un virus de computadora, cada vez más personas en México se apunta a trabajar de manera independiente, sea como fuente principal de ingreso o para tener un dinerito extra cada mes.

- 56% de los mexicanos trabaja como *freelance*.

- En palabras cristianas, poco más de 60 de cada 100 profesionistas que optaron por esa modalidad en el país se dicen satisfechos o muy satisfechos, y la razón es libertad para moverse por su propia cuenta, manejar tiempos, ampliar sus ofertas laborales, según el estudio "Comportamiento del *freelance*" *de la firma* Nubelo (que es una plataforma para contratación *online*).

Programadores web, creadores de contenido, diseñadores gráficos, *project manager*, traductores, comunicadores son los más *fans* de este modelo en el país. Si el corazón te late por trabajar desde casa y recibir una lanita extra, este modelo puede ser la onda, y para que te animes mira estas cifras: a diferencia de los empleados contratados formalmente los *freelance* aumentaron 34% sus ingresos en 2013 respecto a un año antes. Sólo un 13% registró una disminución.

Antes de salir corriendo a comprar un escritorio para tu casa, hay una pequeña advertencia: ser *freelance* tiene su chiste.

El estrés de ir a la oficina y lidiar con los jefes puede disminuir, pero hay otros costos que debes asumir, no habrá jefecito (bueno sí, pero no en forma de sueldo quincenal) que pague la luz de tu casa y los gastos extras que se generen al operar desde ahí. Deberás ponerte estricto con tu presupuesto: energía, conexión a Internet, material de oficina, comida, son sólo algunas de las categorías que tienden a subir al trabajar en la comodidad del hogar.

Los cambios no paran ahí. Deberás ser más proactivo en la búsqueda de clientes, replantear tu rutina de trabajo y establecer formas efectivas de comunicación con las empresas que trabajes (porque no te tendrán físicamente). Un 23% de los *freelancers* en México asegura que el factor más difícil en este modelo es la competencia. El 41% asegura que tardó de dos a cinco meses en concretar su primer proyecto, 22% de 6 a 12 meses y 13% hasta un año. ¿Tienes un colchoncito para los días de vacas flacas?

Ser *freelance* implica trabajar en crear una cultura empresarial que vaya más allá de tener capacidad para atraer proyectos. Es importante entrenarse para administrar los ingresos, la cantidad de trabajo, multiplicar tus vínculos externos.

El *home-office* es parte de los planes flexibles de algunas organizaciones en México, pero si estás decido a entrar al *freelanceo* desde casa, fíjate en esas dos reglas:

Calculadora en mano. Antes eras fan de comprar muchos cafés cerca de la oficina, bueno pues ahora tendrás que meter en cintura ciertos gastos, porque necesitas cubrir otros aspectos financieros de tu vida como *freelance*. Como cambiar la computadora, o pagar por su reparación. El financiador eres tú, así que debes soltar dinero sólo cuando lo consideres necesario.

Elige a tus clientes. Ser *freelance*, a veces, pareciera sinónimo de laborar por *hobbie* y como si tuvieras una cuenta abierta en el banco para estarte financiando. Evalúa con quiénes decides contratarte y lleva un plan de trabajo para determinar quiénes son tus clientes *top* y a quiénes podrías soltar un poco, aunque den currículo; quizá no son puntuales con los pagos, y eso pone en peligro tus finanzas y tu organización como *freelance*.

Regla. Profesionista independiente, sale, para lograrlo necesitas cambiar la mentalidad de empleado por director, que sabe gestionar sus recursos hábilmente. Si no lo haces, tarde que temprano estarás en busca de una oferta de contratación fija.

Plan b. Ser emprendedor

Qué piensas ¿cualquiera tiene madera para iniciar su propio negocio? En México siete de cada diez personas considera que emprender es cuestión de personalidad, de acuerdo con un estudio que realizó la Universidad Nacional Autónoma de México (UNAM).

Buscar libertad y ser el propio jefe son algunos atributos que se asocian a iniciar un negocio, pero ¿acaso no son esos atributos del *freelance*? Especialistas en el tema aseguran que en el ADN de los emprendedores hay otras características distintivas: prefieren resolver problemas, dan pasos hacia su independencia sin temor a ser reprimidos o castigados y gustan de hacer las cosas diferentes para, después, entusiasmar a otros con su proyecto.

Sientes cosquillita al escuchar esas palabras, emprender es otra manera de emplearse, y no sólo eso, sino que además ¡puedes generar fuentes de empleo para otros! Sin embargo, al igual que con el *freelanceo*, antes de aventarte el clavado es bueno hacer un análisis propio y del mercado para aclarar cómo iniciar esta nueva faceta.

Si no te aterra que tu proyecto de vida cambie y notas que tu tolerancia a la frustración es alta, son buenas señales de que existe madera para emprender, pero antes de aferrarte a iniciar el negocio, regrésate al capítulo de FODA y analiza tus Fortalezas, Oportunidades, Debilidades y Amenazas para incursionar con un proyecto.

Regla: observa el mercado, qué competidores tendrías, qué necesidades han satisfecho, cual sería tu propuesta de valor —y sé muy flexible. Encapricharse con una idea de negocio puede ser tu tumba, debes corregir ante lo que pide el cliente y reorientar el camino, si esta experiencia no da los resultados esperados.

Tú puedes ser un *intrapreneur*, innovar al interior de tu lugar de trabajo. No es un pecado querer hacer carrera en la organización y vivir ahí tus bodas de plata, de oro y lo que el cuerpo, o tu motivación en ese sitio, aguante. Pero si te encaminas a emprender, el primer paso es cambiar tu *chip*. La estabilidad que ofrece un trabajo fijo se transformará, los compromisos financieros que asumía el director de la empresa, los adquirirás tú. Claro, también hay ventajas claras, nada mejor que contar con algo propio.

¿Quieres saber si eres más emprendedor que empleado? Responde este *test*...

¿Quieres saber si tienes 'vena' emprendedora?
Empieza por responder estas preguntas.

Marca tu respuesta con una X

1.	¿Alguno de tus padres y/o abuelos inició en negocio propio?	SI	NO
2.	¿Fuiste un (a) estudiante brillante en la escuela?	SI	NO
3.	¿Te gustaba participar en actividades grupales en la escuela, como clubes o equipos deportivos?	SI	NO
4.	Durante tu adolescencia, ¿preferías estar solo (a)?	SI	NO
5.	¿Te postulaste alguna vez para ocupar algún puesto en la escuela, o iniciaste algún negocio de chico, como puestos de limonada, periódicos familiares o ventas de tarjetas de felicitación?	SI	NO
6.	¿Fuiste un niño (a) terco (a)?	SI	NO
7.	¿Eres precavido (a)?	SI	NO
8.	¿Eres atrevido (a)?	SI	NO
9.	¿Te importa mucho la opinión de los demás?	SI	NO

10.	¿La idea de cambiar tu rutina diaria es una motivación importante para comenzar un negocio propio?	SI	NO
11.	Puede que disfrutes tu trabajo pero, ¿estarías dispuesto a trabajar toda la noche?	SI	NO
12.	¿Estarías dispuesto a trabajar tanto como sea necesario, habiendo dormido poco o nada, con tal de terminar tu proyecto?	SI	NO
13.	Cuando concluyes satisfactoriamente un proyecto, ¿inicias otro inmediatamente?	SI	NO
14.	¿Estarías dispuesto a comprometer tus ahorros para iniciar un negocio propio?	SI	NO
15.	¿También estarías dispuesto a pedir prestado?	SI	NO
16.	Si un negocio que inicias fracasa, ¿empezarías a trabajar en otro de inmediato?	SI	NO
17.	¿O empezarías a buscar un trabajo con un sueldo regular?	SI	NO
18.	¿Crees que iniciar un negocio es riesgoso?	SI	NO
19.	¿Sueles escribir tus metas de corto y largo plazo?	SI	NO
20.	¿Consideras que tienes la capacidad de manejar flujo de efectivo de manera personal?	SI	NO
21.	¿Te aburres fácilmente?	SI	NO
22.	¿Eres optimista?	SI	NO

Ahora sí no tienes pretexto para no armar una lista *choncha* de opciones. Sea en una organización, con un puesto fijo, como profesionista independiente, *freelanceando* + trabajo fijo, o a través de un proyecto de negocio propio. Tú decides dónde levantas tus antenitas para buscar una oferta que se ajuste al trabajo que anhelas y entonces comenzar tu venta profesional.

Tengo la tentación de desearte suerte en la búsqueda pero, para mí, eso sería como dejarlo al destino, al aire, cuando, en realidad, sé que estás listo para atrapar al empleador ¡con una caja completa de herramientas!

No te diré suerte, sino muchas felicidades por tomar el reto de cambiar lo que sabías del empleo y acercarte, desde una perspectiva diferente, a tu siguiente contratación.

¡CONTRÁTAME!
Esta obra se terminó de imprimir en Junio de 2014
en los talleres de Impresora Tauro S.A. de C.V.
Plutarco Elías Calles No. 396 Col. Los Reyes
Delg. Iztacalco C.P. 08620. Tel: 55 90 02 55